Dossier Musik 2

Klaus Huber

Pro Helvetia/Zytglogge Verlag

Die Reihe Dossier wird von der Schweizer Kulturstiftung Pro Helvetia in Zusammenarbeit mit dem Zytglogge Verlag (Bern) und den Editions d'en bas (Lausanne) produziert und herausgegeben; das einzelne Dossier ist einem Künstler oder einem Spezialthema gewidmet und sucht die direkte Beziehung zum gegenwärtigen Kulturgeschehen der Schweiz. Die Reihe gibt dem Exemplarischen und Individuellen den Vorzug, um unmittelbar als Diskussionsbeitrag wirken zu können; die Herausgabe wird in der Regel mit kulturellen Veranstaltungen im In- und Ausland verbunden.

Schweizer Kulturstiftung Pro Helvetia
Dokumentation Information Presse

In der Reihe Dossier sind bisher die folgenden Titel erschienen:

Zytglogge Verlag Bern, Eigerweg 16, CH-3073 Gümligen
Zytglogge Verlag Bonn, Cäsariusstrasse 18, D-5300 Bonn 2
Zytglogge Verlag Wien, Strozzigasse 14−16, A-1080 Wien

Inhalt

1 Warum schreibe ich Musik?

Warum schreibe ich Musik?

Eine der allgemeinsten Fragen, die immer wieder an einen Komponisten gerichtet werden, ist zugleich eine der verfänglichsten. «Was bewegt Sie, Musikwerke zu schaffen...?» Ich kann darauf ehrlich und spontan antworten: Weil ich Kommunikation durch das Medium der Musik suche. Weil ich etwas aussagen möchte, dessen Gehalt mir nur oder gerade durch Musik transportierbar erscheint. Wenn ich aber gründlicher sein will, dann muß ich bekennen: Zugrunde liegt der Glaube, daß Musik etwas existentiell Notwendiges (wenn auch nicht direkt Nützliches) ist und daß dies immer so bleiben wird, solange wir das Prinzip Hoffnung nicht untergehen lassen, solange der Mensch nicht verstummt. Solange Sprache da ist (Peter Bichsel sagt, solange Geschichten erzählt werden), wird es Literatur geben, und sei es am Rande des Verstummens (Beckett, Celan). Solange es den Aufschrei gibt, das Stöhnen, Weinen ... das Leiden, das sich mitteilen, sich befreien will (Dorothee Sölle) – das Veränderung will –, solange es die emotionale Erschütterung im Lachen, in der Freude gibt, solange wird es immer eine Musik und immer wieder eine «neue» Musik geben. (Es wird sie geben müssen!) Und auch solange unser Ohr hört, aufnimmt, affektiv reagiert, solange wird das Gehörte durch den Menschen menschlich interpretiert werden.

Der Gesang der Vögel bei Tagesanbruch wird als ein Jubilieren, der Hahnenschrei als ein Weckruf, ein Appell zum Aufstehen (Ambrosius, Ernesto Cardenal) wahrgenommen. Stumme Existenz läßt sich in menschlichen Lebenskategorien nicht denken. Auch das unablässige, penetrante Zirpen der Grillen (überhaupt die Repetitionsmodelle vieler Insektenlaute) wird eben nicht nur als gerasterte (neutrale) Zeit registriert, sondern als Ausdruck der Existenz dieser Lebewesen und darüber hinaus der eigenen Existenz wahrgenommen und (um-)interpretiert. Auch der Taubstumme nimmt Vibrationen als Ausdruck von Leben überhaupt wahr.

Man weiß, daß bei einer Repetitionsdichte von 16 pro Sekunde stehende Bilder in Bewegung übergehen (Film), daß bei einer Frequenz von ca. 30 Impulsen pro Sekunde aus einem pulsierenden Rhythmus eine (die tiefste hörbare) Tonhöhe entsteht, daß bei 10 000 bis 20 000 Schwingungen pro Sekunde der Ton die Hörgrenze überklettert. (Das Ohr altert, bevor es stirbt...)

Bereits die frühe Philosophie hat erkannt (und diese Einsicht immer weiter differenziert und durch die Ergebnisse der modernen Physik eindrücklich bestätigt gefunden), daß alles, was klingt (Musik), eine *Darstellung von Zeit* ist. In diesem Sinne ist Musik die existentielle Kunstform in extremis. – Töne, Klänge, Rhythmen, Lautstärken, Klangfarben sind Sinnträger von Leben in der Zeitlichkeit. Sie können alles erschließen, ich wage zu sagen: unbegrenzt alles, soweit es dem menschlichen Ohr zugänglich und unbewußt oder bewußt interpretierbar ist. Gleichzeitig aber ist ebenso wahr, daß Musik eine sehr viel größere Interpretationsbreite hat als irgendeine Sprache. Das heißt: Auf Anhieb, beim ersten Hören also, ist Erklingendes nicht eindeutig, sondern immer vieldeutig bezogen.

Zwischen Hören und «Verstehen» liegt ein andauernder, meist oft zu wiederholender, erst sehr allmählich differenzierender Lernvorgang, der allerdings bis zu einem gewissen Grade (ganz einfach durch das Faktum der Gewöhnung) auch noch als unbewußter zu «relativem Verstehen» führen kann. (In jedem Fall ist er aber ungleich komplexer als derjenige beim Erlernen einer neuen Sprache.)

Exkurs: Fragen von Musikhörern – auch den gebildetsten unter ihnen – an die Adresse eines Musikschaffenden, seine schöpferische Existenz betreffend, sind meistens durch die Tatsache geprägt, daß angestrengt versucht wird, sich in die Situation (wenn schon nicht die volle Existenz) des Komponisten zu versetzen. Das kann aber nicht gut ausgehen, weil nämlich der, der Musik komponiert, nicht denkt, daß er Musik komponiert, sondern eben arbeitet, um Musik herzustellen und auf diese (direkte!) Weise auch zu Musik kommt. Das heißt: Die meisten Fragen, die den Kompositionsprozeß betreffen, stellen sich dem Komponisten anders, nämlich wesentlich konkreter.

Damit postuliere ich nicht einen Sonderstatus für den Komponisten. Im Gegenteil: Ich finde, daß jegliche idealistische «Verklärung» des Kompositionsvorganges die offenen Fragen viel eher verschleiert als erhellt.

Ich glaube, daß wesentlich produktivere Fragestellungen dann resultieren, wenn der Hörer sich selbst fragt, wie er eine ihm neue, ungewohnte Musik hört, auf welche Weise er sie aufnimmt, wie er sie interpretiert.

Aus solchen Fragen können der Hörer *und* der Komponist viel lernen, sie können sich näherkommen. Kommunikation durch das Medium Musik rückt dabei zwangsläufig ins Zentrum. Wie wird Gehalt in einer Komposition präsent und wie transportiert sich der

Gehalt einer bestimmten Musik, das heißt, wie kommt Kommunikation überhaupt zustande? Das Problem des Gehalts von (Kunst-) Musik ist ein kaum auflösbarer Gordischer Knoten. Philosophie, Ästhetik und vor allem die Musikwissenschaft haben sich darum bemüht und bemühen sich (hoffentlich) weiter. Man kann, so scheint mir, dabei nur vom konkreten Kunstwerk ausgehen, was allerdings hier viel zu weit führen würde. Immerhin soviel: Gehalt wird in erster Linie, davon bin ich überzeugt, durch Kommunikation zutage gefördert. (. . .) «Günstige» Bereitschaft, eine gewisse Eingestimmtheit ist Voraussetzung. Erinnerung, wie auch immer geartet, ist das sine qua non. Gewohnheit ist nicht vermeidbar, ist aber gerade nicht das, was ich mit Erinnerung meine. Erinnerung weckt. Gewohnheit macht stumpf (und taub).

Aus: Zeitschrift «Radius», Juni 1979 (gekürzt)

Gegen das Modische

Oft möchte ich mich gerne gegen das Modische in der Kunst aufwerfen. Man spricht viel vom Zeitgeist, dem großen Atem, der das gegenwärtige Leben ausmache. Doch diejenigen, die wie Robert Walser schaffen – «offenbar im Glauben, die Kunst sei etwas Großes» –, brauchen mehr Anstrengung, das weniger Vergängliche im weniger Zeitnahen aufzuspüren, als ihnen das Finden von wirklich originalem Neuem Sorge bereitet.

Zitiert nach Hansjörg Pauli: Über Klaus Huber, Bayerischer Rundfunk, Sept. 1962.

Der produktive und der potentielle Künstler

Zur ergänzenden Erhellung hole ich ein weiteres polares Gegensatzpaar herbei, das aber nicht dialektisch, sondern vielmehr existentiell bedingt ist.
Erstens: Selbstverwirklichung als Ich-Bestätigung. Darüber setze ich, quasi als Motto: «Der produktive Künstler».

Zweitens: Selbstwerdung als Ich-Versenkung, Ich-Hingabe, Ich-Aufgabe. Als Motto hierzu: «Der potentielle Künstler».

Auf Anhieb neigen wir dazu, anzunehmen, daß diese Polarität im Gegensatzpaar westliche Kulturen/östliche Kulturen ganz aufgeht. Das würde aber schon eine voreilige Simplifizierung bedeuten, wenngleich sicher evident ist, daß alle östliche Kultur im wesentlichen auf Ich-Versenkung beruht und ebenso unbestreitbar der Verlauf der abendländischen Kulturentwicklung zur extremen Ausbildung des produktiven Künstlertyps geführt hat, der gerade auch in der Quantität seiner Produktion sich selbst bestätigt findet.

Dagegen ist zu bedenken, daß vor allem die großen mystischen Traditionen des Abendlandes ein Selbstverständnis der Kunst enthalten, das nach Ich-Versenkung, ja Ich-Aufgabe viel eher als nach Selbstbestätigung sucht und damit der östlichen Idee einer ganzheitlichen Selbstwerdung sehr viel nähergerückt erscheint. (Ich brauche hier nur an Franziskus, Juan de la Cruz, an die Ikonenmalerei der Ostkirche zu erinnern.)

Andererseits sind die meisten Aspekte – z. B. des japanischen modernen Kunstlebens – heute ohne Zweifel mindestens so extrem konsumorientiert wie in Mitteleuropa oder gar in den Vereinigten Staaten. (Es fragt sich höchstens, ob man dabei von östlicher Kultur überhaupt noch sprechen kann.) Aber auch für frühere Epochen fällt in allen östlichen Ländern – einschließlich der buddhistischen – eine enorme künstlerische Produktivität auf, die mindestens teilweise direkt auf Nachfrage antwortet. – Bei genauerer Untersuchung würden sich somit die Grenzen zwischen – wie ich es nannte – «produktiven» und «potentiellen» Kulturen noch weit differenzierter überschneiden.

Nehmen wir also das provokative Gegensatzpaar «Der produktive Künstler» – «Der potentielle Künstler» noch einmal auf.

Ich kontrapunktiere es durch eine Sequenz paralleler, zum Teil ironischer, zum Teil polemischer Gegenüberstellungen:

Der «produktive» Künstler sähe gerne sein Werk möglichst flink hinaustreten, er tendiert auf Öffentlichkeit, schließlich auf Propagierung seiner selbst, ... (wie er sagt: um der Produktion willen...)

Der «potentielle» Künstler sucht vor allen Dingen Verinnerlichung. Erst wenn er ihrer gewiß ist, entläßt er das Werk als mündig, tritt hinter dasselbe zurück.

Die Kunst des «produktiven» Künstlers fördert, ob sie nun will oder nicht, den Trend zu ihrer Kommerzialisierung und zum Konsum dessen, was er schafft. Denn er sucht: das *Resultat*.

Die Kunst des «potentiellen» Künstlers sucht die Loslösung der Kunstäußerungen von möglichst allem Sachzwang. – Denn für ihn bleibt vor allen Dingen wesentlich: der *Weg.*

Die «produktive» Kunstäußerung erstrebt die Häufigkeit von verwendbarer Kunst. Die «potentielle» Kunstäußerung erträgt die Seltenheit wahrhaft wesentlicher Kunst.

Organe des «produktiven» Künstlers sind die Ellbogen der Karriere. Organe des «potentiellen» Künstlers sind die geschlossenen Augenlider der Versenkung.

Aus dem Vortrag «Kunst und Selbstverwirklichung», Januar 1972

Komponieren als Akt der Befreiung

«Musique pure» war und ist nicht meine Sache. Das autonome, niemandem als sich selbst verpflichtete Kunstwerk kann nicht das Ziel eines Künstlers sein, dessen Bewußtsein die konkreten Bedrohungen unserer Existenz Tag für Tag registriert. Ich finde es heute nicht mehr tragbar, auf eine idealere Zukunft hin hermetische Kunst zu machen. Für mich ist Komponieren eine äußerst komplexe, kritische, seismographisch genau empfindliche Äußerungsmöglichkeit von (nicht nur musikalischem) Bewußtsein heute und jetzt. Deshalb zögere ich nicht, meine Musik Bekenntnismusik zu nennen, sofern man bereit ist, darunter nichts Subjektivistisches zu verstehen. Wir müssen heute zugeben, daß uns die Tabuisierung «abgenutzter» Materialien nicht, wie man vor 20 Jahren glaubte, sprungartig weitergebracht hat. Dennoch sind bei Neuanfängen ausschließliche, radikale Ästhetiken notwendig und können klärend wirken. Solange aber Musik auf zwischenmenschlicher Kommunikation (und Kommunikationsfähigkeit) beruht, wird eine umgreifende Synthese – früher oder später – erfolgen. Trotzdem: Je mehr man, überspitzt gesagt, an Neuland gewinnt, desto mehr wird man an traditionellen Fesseln aufzugeben haben. Gerade deshalb wage ich aber auch zu sagen: Für mich ist Komponieren a priori ein Akt der Befreiung, der immer in die Zukunft gerichtet ist.

Zitiert nach: Schweizer Komponisten unserer Zeit, Winterthur 1983, S. 116 f (Text aus den sechziger Jahren).

2   Steht alle auf, auch die Toten!

Um der Unterdrückten willen.
Gegen die Verdinglichung des Menschen

Und in Brasilia sagen sie:
«Seht nicht für uns wahre Visionen, sagt uns
Angenehmes, betrachtet Illusionen.»
> *Das brasilianische Wirtschaftswunder*
> *eines Hilton umgeben von Favelas.*
Die Preise für die Dinge steigen
> *der Preis für die Menschen fällt.*
Arbeitskraft so billig wie möglich (für sie gibt es
> *keine Hygiene, keine Sinfonien von Beethoven).*
Und im Nordosten fressen die Mägen sich selber auf.
Ja, Julião, das Kapital vermehrt sich wie Bazillen.
Kapitalismus, die gehäufte Sünde. (. . .)

Ihr Eckstein ist die Ungleichheit. (. . .)

> *Massenproduktion von Elend, Verbrechen*
> *in Industriemengen. Tod*
> *vom Fließband.*
Mario – Japa bat um Wasser im «pau-de-arara»
und sie zwangen ihn, ein Pfund Salz zu essen.
Ohne Information, wegen der Zensur. Wir wissen nur:
Dort wo die Hubschrauber kreisen ist der Leib Christi.
> *Von der Gewalt würde ich sagen:*
> *Es gibt die Gewalt der Evolution*
> *und die Gewalt, die die Evolution aufhält. (. . .)*

> *Jetzt ist nicht die Zeit für Literaturkritik*
noch für surrealistische Gedichte gegen Militärdiktaturen.
> *Und wozu Metaphern, wenn die Sklaverei keine Metapher ist*
> *und keine Metapher der Tod im Fluß «das Mortes»*
> *und auch nicht die Todesschwadron?*
> > *(Ernesto Cardenal, aus*
> > *«Epistel an Monsignore Casaldáliga»)*

Unsere schmale Halbinsel ist erfüllt vom Heulen der Geister jener, die
schuldlos starben. Vom Heulen der Ungezählten, die bei fremder
Invasion, im Bruderkrieg, unter der Diktatur, in der Revolte, durch

Hunger und Krankheit starben. Träger ihrer Klagen, Vermittler ihrer Trauer, Bewußtmacher dieser geschichtlichen Tragödie zu sein – ich habe gewünscht, daß meine Verse zu solchen würden: zu Gedichten der Geisterbesänftigung. Ein jeder sehnt sich danach, in strahlender Helle zu leben. Auch ich sehne mich wie ein Besessener nach dem Licht. Aber wie aus diesem Dunkel dahingelangen? In diesem sumpfigen Dunkel der Nacht kann man nur keuchend weiterkriechen auf jene Stelle zu, an der die Morgendämmerung hervorbrechen wird. Kriechend, in Blut gebadet, ohne innezuhalten bis zum letzten Atemzug – ich habe gewünscht, daß meine Verse zu solchen würden: zu Gedichten des Handelns.

(Kim Chi-ha, aus seinem Nachwort zum Gedichtband «Die gelbe Erde»)

Die Verbürgerlichung aller Werte
Entsetzen. Ohnmacht.

Wenn ich es versuche, mich als Künstler, Bürger eines übersatten Landes, als Lehrer von heute mehr denn je problematisierten Inhalten wie der Komposition von Kunstmusik oder überhaupt auch nur als ein waches Individuum in der heutigen politisch-kulturellen Situation zu behaupten, so packt mich Entsetzen.
Mich erschreckt die sich offensichtlich weiter verschärfende Polarisierung der Gegensätze, eine Antagonie aller materiellen und geistigen Tendenzen, auch der moralischen Ansätze, die, wenn ich recht sehe, zu einem Umbruch von unvorstellbarem Ausmaß führen muß. Ob wir und wie wir daraus hervorgehen werden?
Die real existierenden apokalyptischen Bedrohungen des Lebens, welche in der Möglichkeit (manche sprechen schon von Wahrscheinlichkeit) einer Selbstzerstörung der Menschheit, wenn nicht des Lebens überhaupt, kumulieren, sind heute immer tiefer und breiter in das allgemeine Zeitbewußtsein eingedrungen. Ein epochal neues, aufrüttelndes Bewußtsein von der Notwendigkeit einer Besinnung auf den Sinn des Lebens – nicht nur der menschlichen Existenz –, der Notwendigkeit eines umgewendeten Richtungssinnes, ist in beinahe allen Bereichen menschlichen Denkens und Handelns mit einer Vehemenz aufgebrochen, die weitgespannte Hoffnungen erweckte, Bewegungen entstehen ließ von größter, breitester Glaubenskraft und Opferbereitschaft, menschlicher Nähe und Solidarität über die Grenzen von West und Ost, Nord und Süd hinweg, wie sie

vor dreißig Jahren kein Realist für das letzte Drittel unseres Jahrhunderts vorauszusagen gewagt hätte: die Friedensbewegung, die ökologische Bewegung, die Anti-Atomkraft-Bewegung, die Solidaritätsbewegungen mit Zentral- und Südamerika, mit Südafrika, die Konferenzen für den Weltfrieden, die ökumenischen Bestrebungen des Weltkirchenrates, Christen für den Sozialismus, Theologie der Befreiung und viele andere.

Dem – wie ich es nennen möchte – Neuen Bewußtsein gegenüber wächst unübersehbar die Reaktion. Die gleichen Menschheitsbedrohungen, die gleichen aus ihnen entstehenden Ängste, die uns wahrlich alle angehen, scheinen monströse, sozusagen epidemische Menschheits-Neurosen hervorgerufen zu haben, die sich in einer geradezu monumentalen Verdrängung dieser Zeitängste darstellen. Die Bewältigung krassester Überlebensprobleme wird scheinbar immer noch kühlen Blutes – warum, so möchte ich Gott fragen, können diese Herren überhaupt noch Schlaf finden? Und, wie mögen ihre Träume aussehen? –, die Bewältigung wird gesucht in der Gegenüberstellung quantifizierbarer, statistisch darstellbarer, scheinpragmatischer Größen, welche selbst in mehr als einem exemplarischen Falle längst fiktive Größen und daher fiktive Gegenüberstellungen geworden sind.

Ich denke dabei an die Hochrechnungen gewisser Abschreckungs-Strategen mit Zahlen atomarer Sprengköpfe, die bei einem längst bestehenden, von keiner Seite bestrittenen mehrfachen atomaren Overkill wie infantile Schulrechnungen anmuten.

Ich denke aber auch an die taktisch-spekulativen Hochrechnungen zur Bekämpfung der weltweiten Verschuldung (in Richtung Dollar!) aller nicht privilegierten Länder innerhalb eines immer aggressiver sich gebärdenden «Welthandels», wie sie etwa die sogenannte «Bank für Internationalen Zahlungsausgleich» anstellt...

Man ist auf Konfrontation aus – ganz gewiß; dies wird auch nicht verheimlicht – und doch gibt man vor, alle Lösungsmöglichkeiten bereits im voraus zu kennen, getreu einem alle Bereiche überschwemmenden restaurativen Denken, nach welchem man, bar allen Richtungssinnes, auch zu handeln gedenkt. Allenthalben das arrogante Auftreten einer Neuen Rechten. Ich denke an die USA. Alte «Ideale» eines nationalistischen Amerikanismus, nämlich Tüchtigkeit in der Stärke, wirtschaftliche wie militärische, deren althergebrachte Tendenz zu weltweitem Imperialismus kaum mehr zu leugnen jemandem einfallen würde, werden «neu» entzündet und in einem gigantomanischen Ausmaße aufgewertet...

16

Was kann daraus folgen? Einerseits eine kaum mehr erträumte Hochblüte nicht etwa der Kultur, sondern des Dollars, andererseits eine offene Interventions- und Oppressionsfreudigkeit, die mehr und mehr etwa noch vorhandene Züge von Schamhaftigkeit zu verlieren scheint.

So sucht man das Heil der Welt in einer – wie ich meine, letztendlich tödlichen – Verbürgerlichung aller Werte. Dorothee Sölle spricht sogar von einer zunehmenden Verdinglichung des Menschen.

Nicht ohne Grund habe ich in beiden einleitenden Texten Dichter aus der sogenannten Dritten Welt, aus Nicaragua und Südkorea, zu Wort kommen lassen. In den Ländern dieser Dritten Welt polarisiert sich in schockierender Weise die Hybris unserer bürgerlichen Vorstellung von Privateigentum als weitaus wichtigster und letztlich allein entscheidender Sicherung der menschlichen Existenz. (...)[1]

Die fixierte bürgerliche Vorstellung von der selbst herstellbaren Zukunft als einem unendlich gedachten Kontinuum des (eigenen!) Fortschritts ist, darüber kann kein Zweifel bestehen, mit der Kolonialisierung längst in die entferntesten Weltgegenden gedrungen. – Diese Vorstellung von machbarer Zukunft und von Leben als (privatwirtschaftlichem) Wachstum gerät aber mehr und mehr gerade auch bei uns, in der sogenannten Ersten Welt, ins Wanken. Über Nacht sozusagen sind unsere arroganten Fortschrittsträume umgekippt in grassierende Überlebensängste. Wir sind gezwungen, den sich offen zeigenden ungeheuerlichen Konsequenzen ins Auge zu sehen. Jedes noch weitergehende Verdrängen muß tödlich ausgehen. Das Hinauswachsen über ein apokalyptisches «Heulen und Zähneklappern» kann nur dann gelingen, wenn wir den Blick nicht abwenden. Deshalb stehe ich vehement ein für die Anerkennung unserer Zeitangst.

«Der sogenannte ‹heutige Mensch›, der Mensch also unserer spätbürgerlichen Welt (ist) ausgespannt zwischen Verzweiflung und Engagement, zwischen Apathie und spärlicher Liebe, zwischen rücksichtsloser Selbstbehauptung und schwach entwickelter Solidarität, ratlos und seiner selbst ungewisser als noch vor wenigen Generationen, so sehr seiner selbst ungewiß, daß er kaum mehr sein eigener Nachfahre sein möchte.» (Johann Baptist Metz: «Unterwegs zur Zweiten Reformation» in «Jenseits bürgerlicher Religion. Reden über die Zukunft des Christentums».)

[1] Die folgende Passage findet sich separat unter dem Titel «Nicaraguanisches Tagebuch» auf S. 35 ff.

Metanoia oder der durchkreuzende Sinn der Liebe
Zum Widerspruch des Evangeliums. Johann Baptist Metz.

Wo liegen die Wurzeln einer solchen verkehrten Entwicklung bürgerlichen Freiheitsdenkens? Können wir die Krankheitssymptome unserer wissenschaftlich-technischen Zivilisation schlechthin auf dem Konto einer fehlentwickelten Naturwissenschaft abbuchen? Das wäre viel zu flach gesehen, auch zu bequem. In seinem tiefgehenden Vortrag «Es geht ums Ganze» umschreibt Kurt Marti, sich auf Nietzsche und Heidegger berufend, die Grundtendenz des Denkens der Neuzeit als eine nihilistische. Woher aber dieser Nihilismus? Johann Baptist Metz zögert nicht, die Überlebenskrise, wie sie sich heute darstellt, als *«gesellschaftliche Apokalypse des herrscherlichen Lebens»* zu beschreiben:
«Diese Überlebenskrise, die wir heute als ökologische Frage diskutieren, hängt (...) nicht zuletzt am Problem der Überbelastung und der Überausbeutung der uns umgebenden Natur. (...) Der Mensch versteht sich als herrschaftliches, unterwerfendes Subjekt gegenüber der Natur; sein Wissen wird vor allem Herrschaftswissen, seine Praxis Herrschaftspraxis. ... An dieser herrscherlichen Unterwerfung, an dieser Art von Ausbeutung und Verdinglichung, an dieser Machtergreifung über die Natur bildet sich seine Identität: Er ‹ist›, indem er unterwirft. (...) Inzwischen hat dieses Unterwerfungsprinzip längst die seelischen Grundlagen unseres gesamten gesellschaftlich-kulturellen Lebens durchdrungen. Es ist zum heimlichen Regulativ aller zwischenmenschlichen Beziehungen geworden; die psychosozialen Pathologien unserer Tage liefern dazu eine Überfülle von Illustrationsmaterial. In diesem Sinne könnte und müßte man nicht nur und nicht einmal in erster Linie von einer Vergiftung der äußeren, den Menschen umgebenden Natur durch die technische Überausbeutung sprechen, sondern auch von einer Vergiftung der inneren Natur des Menschen selbst. – So macht eine Identität, die sich am Herrschafts- bzw. Unterwerfungsprinzip bildet, zutiefst beziehungslos, im eigentlichen Sinne egoistisch. Sie macht den Menschen unfähig, sich mit den Augen seiner Opfer zu sehen. ... In einer Art objektiven Zynismus' reden wir heute viel von sogenannten ‹unterentwickelten› Völkern; wenn wir genauer zusehen, handelt es sich nicht selten um Völker, deren Kulturen wir unterworfen, zerstört und ausgebeutet haben.»
Die Innerlichkeit, die sich gegen solche Belastungen eines humaneren Menschenbildes zu stemmen sucht, wird – so sehe ich es jeden-

falls als Künstler – im besten Falle zu Ausbruchsversuchen neigen, die einer Flucht aus der Gegenwart gefährlich nahe kommen. Aber richtig scheint mir schon, daß ein erster Ausbruchsversuch nach innen gehen muß. Hier sehe ich – als Christ im häretischen, sich einer bürgerlichen Kirche nicht unterordnenden Sinne – die eigentliche Chance, die tiefe Notwendigkeit einer neuen, sich immer umfassender äußernden Spiritualität, wie sie sich in einem Neuen Bewußtsein abzuzeichnen beginnt. Anstelle von «Ausbruchsversuch» könnte und müßte man solche Spiritualität dann richtiger als *Umkehr*, als radikales *Um-denken, umgewendetes Fühlen, umgekehrtes Handeln* sehen.

Hierzu noch einmal J. B. Metz. Eine eigene, persönlichere Antwort, welche mir um so schwerer fällt, als sich in ihr auch das für mich als Komponist existentielle Problem einer gegenwärtigen Kunstmusik abbilden muß, möchte ich anschließend versuchen.

Metz läßt zunächst eine Kritik der «bürgerlichen Religion», wie er sie nennt, vorausgehen:

«Die messianische Religion der Bibel ist weithin zur bürgerlichen Religion im Christentum unserer Tage geworden. ... In dieser bürgerlichen Religion ist die messianische Zukunft aufs äußerste bedroht. Und zwar nicht in erster Linie dadurch, daß sie zur Beschwichtigung und Vertröstung, zum Opium für die zukunftslosen Habenichtse entfremdet wird; sondern dadurch, daß sie zur Bestätigung und Bestärkung für die bereits Habenden und Besitzenden gerät, die ohnehin Aussichts- und Zukunftsreichen dieser Welt. Die messianische Zukunft christlichen Glaubens bestätigt und bestärkt aber nicht einfach unsere vorgefaßte bürgerliche Zukunft, verlängert sie nicht, tut ihr nichts hinzu, überhöht und verklärt sie nicht, sondern – *unterbricht* sie. ‹Erste werden Letzte sein, und Letzte Erste.› Der Sinn des Habens wird durchkreuzt vom Sinn der Liebe: ‹Die ihr Leben besitzen, werden es verlieren, und die es gering achten, gewinnen.› Diese Art von Unterbrechung, die senkrecht einschlägt und unsere mit sich selbst versöhnte Gegenwart stört, heißt mit einem bekannten biblischen Wort ‹Umkehr›, Umwendung der Herzen, metanoia. ... Veränderung der Verhältnisse ist angeblich nicht Sache des Evangeliums und nicht Aufgabe der Kirche, wohl die Umkehr der Herzen. Das ist wahr und falsch zugleich. Die Umwendung der Herzen ist in der Tat die Schwelle zur messianischen Zukunft. Sie ist die radikalste und anspruchsvollste Form der Umwendung und des Umsturzes, und dies schon deswegen, weil die Umkehr der Verhältnisse nie all das ändert, was eigentlich geändert

werden müßte. Diese Umkehr der Herzen ist darum aber gerade
kein unsichtbarer oder, wie man gerne sagt, ‹rein innerlicher› Vorgang. Er geht, wenn wir den Zeugnissen der Evangelien trauen, wie
ein Ruck durch die Menschen, er greift tief ein in ihre Lebensorien-
tierung, in ihre etablierte Bedürfniswelt und so schließlich auch in
die durch sie mitbestimmten Verhältnisse; er verletzt und unterbricht die eigenen Interessen und zielt auf eine Revision vertrauter
Praxis.»

Übermächtige Herausforderung für den Künstler

Was für den Künstler zuallererst unmöglich wird, ist ein Rückzug in
die scheinbar gut abgrenzbaren, abgesicherten Gefilde eines «l'art
pour l'art». Im spätbürgerlichen Bewußtsein ist ein «wahrer», ein
«großer» Künstler zwar immer noch derjenige, der sich um seiner
einmaligen Individualität willen auf einem Feld zu behaupten vermag, das ihm durch den Kunstwert seiner Werke als unbedingt
gesichert erscheint. In diesem Sinne muß nach bürgerlicher
Anschauung das einzige Bestreben des Künstlers dahin gehen, das
Kunstwerk um seiner selbst willen zu vervollkommnen, es zu «voll-
enden». Von diesem Gesichtspunkt aus dürfte es keine Rolle spielen, wie eng das Feld der möglichen Resonanz für den betreffenden
Künstler ist, ebenso wenig, wie groß die gesellschaftliche Isolation,
die aus solcher Enge folgt. Deshalb ist für das bürgerliche Bewußtsein die Enge des «real existierenden Gettos» der zeitgenössischen
Kunst auch gar kein Problem. Das durchschnittliche Bewußtsein tut
im Gegenteil alles, dieses Getto noch weiter zu zementieren, eventuell zusätzlich mit Samt auszustatten, insofern der Künstler nicht
versucht, aus ihm auszubrechen.
Bereits in den dreißiger Jahren zeichnete ein junger englischer
Schriftsteller und Kunstphilosoph, Christopher Caudwell, ein
erschreckend realistisches Bild von der widersprüchlichen Situation
des Künstlers, welches das Dilemma der Kunst in einer spätbürgerlichen Epoche mit erstaunlicher Klarsicht vorausnimmt. «In der bürgerlichen Gesellschaft fordert man vom Künstler (...), er solle das
Kunstwerk als einen fertigen Gebrauchsgegenstand und den Entste-
hungsprozeß eines Kunstwerkes als eine Beziehung zwischen ihm
selbst und dem Werk ansehen, das dann auf dem Markt verschwin-
det. (...) Der volle Druck der Gesellschaft soll bewirken, daß er das
Kunstwerk als Hypostase und seine Beziehung zu ihm in erster Linie

als die eines Produzenten für den Kunstmarkt ansieht. ...» Caudwell glaubt festzustellen, daß genau durch diesen Druck der Künstler in zwei entgegengesctzte Richtungen vom Wesen der Kunst abgedrängt wird.

Entweder, er unterstellt sein Schaffen tatsächlich den Zwängen des Marktes, indem er seine Arbeit nach den Marktchancen einschätzt und ausrichtet. In diesem Falle wird sich die Kunst unweigerlich in Richtung einer grenzenlosen Kommerzialisierung und Vulgarisierung weiterentwickeln und damit in Bedeutungslosigkeit enden.

Oder aber, der Künstler empört sich gegen derartige Zwänge – ein ehrlich Schaffender müßte ja wohl davon abgestoßen werden. In diesem Falle wird er versuchen, «... den Markt vollständig zu vergessen und sich auf sein Verhältnis zur Welt der Kunst zu konzentrieren, die jetzt – als eine Einheit in sich – immer weiter hypostasiert wird. Weil das Kunstwerk nun vollständig zum Selbstzweck geworden ist und sogar der Markt in Vergessenheit gerät, wird der Kunstprozeß zu einer extrem individualistischen Angelegenheit. (...) Das Kunstwerk existiert mehr und mehr nur noch für das Individuum.» Dadurch aber, so meint Caudwell, wird Kunst zunehmend in die Sprachlosigkeit gedrängt; ihre gesellschaftlichen Werte, welche sie zu einer sozialen Beziehung machten, lösen sich auf, und ihre Werke werden bloß noch zu privaten Phantasien, privaten Mythologien der Künstler. Auch dies, so Caudwell, muß schließlich zur Bedeutungslosigkeit von Kunst führen. Ich überlasse jedem Leser seine Antwort auf die Frage, inwieweit die Voraussagen von Caudwell heute eingetroffen sind. Im Bereich der zeitgenössischen Kunstmusik, der mich am direktesten angeht, kann ich nur mit Bestürzung die Richtigkeit seiner Analyse – mindestens für die vergangenen zehn Jahre – konstatieren.

Worin aber könnte eine Umkehr, ein Bruch mit den heute wieder neu bestätigten, fest etablierten Verhältnissen des spätbürgerlichen Kunstbetriebs vom Künstler her überhaupt ansetzen?

Ich meine, er müßte zuallererst beim Inhaltlichen, dem Gehalt seiner Kunst beginnen. Es ist klar, daß in der Kunst Inhalt und Form nicht zu trennen sind. Ich meine aber, daß durch ausschließliche Konzentration auch des bedeutendsten kreativ-innovativen Geistes auf die formalen Aspekte nicht notwendig progressive Inhalte in sein Kunstwerk eintreten. Wohl aber, daß bei höchst bewußter künstlerischer Konzentration auf den Gehalt der Aussage notwendigerweise fortschrittliche formale Ideen sich im Kunstwerk entwickeln. (Man könnte, was ich damit meine, vielleicht mit dem Begriff «strukturelle

Semantik» umreißen.) Ein leuchtendes Beispiel dafür ist mir Picassos «Guernica». Aus solcher Haltung, so glaube ich bereits erfahren zu haben, ergibt sich folgerichtig, daß der Künstler gegen den allgemeinen Druck, der heute auf jeder Kunstproduktion mit verheerenden Folgen lastet – den Druck nämlich, erfolgreich sein zu müssen –, gegen die fortschreitende Kommerzialisierung des Kunstwerks und gegen seine Verdinglichung sich in seinem Schaffen mit Erfolg aufzulehnen beginnt.

Dabei würde er innewerden, daß die Freiheit des Künstlers ebenso wie die Freiheit des Bürgers, als absolute Ideale genommen, längst fiktiv geworden sind, ihren Wirklichkeitsbezug verloren haben, und daß es schwierig geworden ist, allein mit Werken der Kunst für die Freiheit der Kunst zu kämpfen... Anstelle der Selbstbehauptung und unablässigen Selbstdarstellung des Künstlers bewegt sich die Kunst – heute mehr denn je – in engster Nähe zu existentiellen Bereichen, zu Leben und Tod schlechthin.

Das, was man das Wesen der Kunst nennen mag, wäre näher dem *Enigma,* der Rätselhaftigkeit menschlicher Existenz, und ganz entfernt von Kategorien wie Kunstwert oder Marktwert.

Caudwell versucht zu definieren: «Die Wissenschaft ist das Mittel, durch das der Mensch lernt, was er tun kann, und deshalb erforscht sie die Bedürfnisse der äußeren Wirklichkeit. Kunst ist das Mittel, durch das der Mensch lernt, was er tun will, und deshalb erforscht sie das menschliche Herz.»

Die Chance einer Umkehr wäre demnach, nicht nur die Kunst, sondern auch das menschliche Herz vor der Verdinglichung zu bewahren.

Versuche in dieser Richtung deuten sich in meinem kompositorischen Schaffen seit 1967 an. 1970/71 schrieb ich ein oratorisches Werk, eine mehrsprachige Apokalypse, für die ich Texte des Johannes, Fragmente von Gesprächen der Bomberbesatzung über Hiroshima und Albrecht Dürers Traumgesicht von 1525 verwendete. Ich gab dem Werk den Titel Inwendig Voller Figur, um anzudeuten, daß alles Apokalyptische im Herzen des Menschen seinen Anfang nimmt. (Nebenbei ist dieser Titel eine versteckte Hommage an Dürer, der einmal notierte: der Künstler sei inwendig so voller Figur, daß ein ganzes Leben nicht ausreiche, all das Vorgestellte festzuhalten.) Unter dem Titel «Ende oder Wende: Wo ist Zukunft?» schrieb ich damals zu meinem Stück einen Radiotext, in dem ich so etwas wie ein künstlerisches Bekenntnis, einen Grundriß meiner Weltschau versuchte. Heute stelle ich fest, daß ich darin manches vorausgenommen habe, was inzwischen als «Neues Bewußtsein» in gewissem Sinne Allgemeingut geworden ist. (...)[2] An meinem nächsten, entscheidenden Werk, das in der eingeschlagenen Richtung um einiges weitergeht, arbeitete ich in den Jahren 1975 und 1979 bis 1982. Es hat den Titel ERNIEDRIGT – GEKNECHTET – VERLASSEN – VERACHTET... und ist ein abendfüllendes Oratorium, eine Art Passion des geschundenen Menschen in dieser unserer Gegenwart. (...)[3]

Zwang und Problematik des Vorwärts
Kugelgestalt zeitgenössischen kulturellen Bewußtseins

«Sie (die Künstler) wissen, daß sie eine Botschaft zu verkünden haben. Das ist die unvermeidliche Wirkung einer revolutionären Zeit auf die Kunst, und es ist nicht möglich, aus dieser Zeit in die ‹reine› Kunst zu fliehen, in den Elfenbeinturm, denn es gibt jetzt keine reine Kunst mehr. ...
Allerdings, auch in der Evolution sind zwei Wege möglich: Man kann entweder auf der Stelle treten und klassisch, akademisch und also bedeutungslos sein, oder vorwärtsgehen. Doch in einer revolutionären Zeit ist es nicht möglich, auf der Stelle zu treten, man muß entweder vorwärts gehen oder aber zurück.» (Christopher Caudwell)
«Die Zivilisation kann nicht geheilt werden, indem man den Weg zum primitiven Urzustand zurückgeht, sie kann sich nur – auf einer niedrigeren Ebene – ihres Verfalls weniger bewußt werden.» (Christopher Caudwell)
Die Situation des Komponisten heute ist in der Tat in diesen eisernen Griff der Geschichte genommen. Der Künstler – und damit die Kunst – reagiert seismographisch auf Veränderungen des gesellschaftlichen Bewußtseins, und jede – auch die politische – «Tendenzwende» prägt sich umgehend in den Künsten, noch direkter im Kunstbetrieb aus.
Wenn J. B. Metz von der «Umkehr der Herzen» spricht, so ist unter keinen Umständen das Mißverständnis eines restaurativen Denkens

---

[2] Das hier folgende, längere Zitat aus «Ende oder Wende...» wurde gestrichen. Der ganze Aufsatz befindet sich auf S. 113 ff.

[3] Die folgende Beschreibung des Werks wurde hier weggelassen. Es wird vorgestellt auf S. 40 ff.

erlaubt, unter keinen Umständen ein «Zurück zu . . .». Es ist schok-
kierend, feststellen zu müssen, wie verwirrend sich die geistige
Situation gerade in dieser Hinsicht in den Künsten darstellt. Man ist
im allgemeinen heute weit entfernt davon, der Moderne, oder
akzentuierter, der Avantgarde in der Kunst Kredit für die Zukunft
zu geben. Die allgemeine Tendenz geht vielmehr in Richtung Post-
moderne, was offenbar sagen soll: Die Moderne liegt (endgültig?)
hinter uns. Man pflegt unter diesem Begriff in bisher nicht üblicher,
lascher Weise all jenes Kunstschaffen zu subsumieren, das sich von
den Bewußtseinshaltungen der Avantgarde der fünfziger und sechzi-
gerjahre, auch jener der Zwischenkriegszeit, mit einer Haltung di-
stanziert, die ich nicht anders als geschichtsverdrossen nennen kann.
Zugrunde liegt, wie mir scheint, ein zunehmend restauratives Bewußtsein von Gegenwart. (Das geht dann bis zur Denunzierung wichtiger
moderner Kompositionspraktiken als totalitäre Anmassung.)
Gegenüber Caudwell müßte ich heute also fragen: Leben wir in
einer antirevolutionären Zeit (hier in der Ersten Welt), in welcher,
was unser Bewußtsein angeht, nicht einmal mehr gefragt werden
soll, ob wir evolutionär gesehen fortschreiten oder stehenbleiben?
Wo, in durchaus nihilistischen Traditionen, an eine Zukunft der
Künste nicht mehr geglaubt werden kann, es sei denn, man rette sich
in restaurative Ästhetiken?
Dies ist vorauszuschicken, wenn ich nun dennoch fragen muß, ob
der Zwang zum Vorwärtsschreiten im Sinne von «verbrannter Erde»
und «tabula rasa», ob dieses fortwährende Hintersichlassen und
Ignorieren des einmal Erreichten in den Künsten nicht doch Symptome sind, die weniger von der Fortschrittlichkeit des Bewußtseins
als vielmehr von einem Hals über Kopf nach vorne fliehenden
Marktdenken hervorgerufen worden sind? – Ist der Gedanke überhaupt zu halten, daß eine tabula rasa, wie es die Futuristen meinten,
allein garantieren kann, daß Neues entsteht? – Claude Debussy
höhnte bei gegebenem Anlaß: «Sie rennen hinter jenen her, die
noch nicht einmal das Gehen gelernt haben.» – Das Modische, das
sich deshalb besser verkaufen läßt, weil es «neu» ist, entspricht doch
genau der Tendenz eines unreflektierten bürgerlichen Fortschritts-
glaubens. Es ist in seiner Einseitigkeit, Hohlheit und Kurzlebigkeit
eine künstlerische Haltung, die allerdings nach Umkehr schreit . . .
Es wäre demnach zu analysieren, wie der Druck, «Neues um jeden
Preis» zu schaffen, der auf dem Künstler lastet, tatsächlich zu den
verschiedensten neurotischen Symptomen innerhalb des Kunstschaf-
fens geführt hat.

24

Stattdessen erlaube ich mir, meine Sicht einer möglichen, humanistischem Erbe verpflichteten Entwicklung des künstlerischen Bewußtseins zu zeichnen. Dazu möchte ich einen Vergleich aus der Botanik wählen.

Bei den Bäumen gibt es zwei grundverschiedene Wachstumsformen. Die einen wachsen so, daß die Hauptknospe den Hauptsproß hervorbringt und dieser immer «vorauswächst», über Jahre und Jahrzehnte hinweg sozusagen die Avantgarde bildet. Die Nebenknospen und Nebensprosse stammen vom Hauptsproß her, usw. Die Baumform, die so entsteht, ist eine Kegelform, je nach der Wachstumsgeschwindigkeit des Hauptsprosses spitzer oder weniger spitz. Wir kennen sie bei der Tanne. Der Hauptsproß wird übrigens nur dann in seinem Vorauswachsen von einem Nebensproß ersetzt, wenn er durch äußere Einwirkung verletzt wurde, und dann übernimmt dieser Nebensproß die Führungsrolle. (Monopodialer Wuchs)

Bei der anderen Wachstumsform stirbt der jeweilige Hauptsproß nach relativ kurzer Zeit ab, das heißt, es bildet sich keine Hauptknospe mehr aus. Der Nebensproß wird zum Hauptsproß, ohne seine Wachstumsrichtung wesentlich zu ändern; auch er stirbt ab, ein anderer Nebensproß tut dasselbe usw. Der Baum verzweigt sich «gleichmäßig» in alle Richtungen. Die Baumform, die so entsteht, kennen wir von der Linde, der Buche, es ist die Kugelgestalt. Sie erreicht eine größtmögliche Oberfläche und damit für alle Blätter des Baumes das optimale Sonnenlicht. (Sympodialer Wuchs)

Ich glaube nun, daß unsere kulturelle Entwicklung deutliche Zeichen zeigt, daß sie in die «sympodiale Wachstumsphase» eingetreten ist. Deshalb stimmen mich die pluralistischen Tendenzen unserer Weltkultur in keiner Weise pessimistisch oder nihilistisch, solange sie sich nicht restaurativ verfestigen und verfilzen. Gerade in den sich breitmachenden reaktionären Haltungen glaube ich allerdings eher so etwas wie das notwendige Absterben eines überstrapazierten «Hauptsprosses» zu entdecken...

Das Bild von der Kugelgestalt des kulturellen Bewußtseins ließe sich dahingehend ergänzen, daß die Entwicklung wegtendiert von einer Avantgarde mit alleinigem Führungsanspruch, weg von einer europaorientierten oder westlich zentrierten, also auf die Erste Welt ausgerichteten Kunstmusik. Es ist durchaus denkbar, ja wahrscheinlich, daß sich Entscheidendes schon heute in anderen Weltgegenden vorbereitet. Ich denke dabei vor allem an die Länder des Fernen Ostens und Lateinamerikas. Auch die Beiträge sozialistischer Länder könnten höchste Bedeutung erlangen, wir wissen nur nicht wann.

Regression und Progression
Weg nach innen und Umschlag nach außen. «Die Geburt einer neuen Persönlichkeit verlangt den Tod der alten.» (Christopher Caudwell)

Schon im Bild vom «Absterben des Hauptsprosses», wie ich es in einem botanischen Wachstumsvergleich versucht habe, zeichnet sich ab, daß dem Symptom des Absterbens nicht nur die Bedeutung von Negation zugemessen werden darf, sondern ebensosehr von Neugeburt, Wiedergeburt. Damit möchte ich nicht die Glaubensinhalte über Sterblichkeit und Unsterblichkeit aufgreifen, wie sie sich in den Religionen ausgeprägt haben. Vielmehr möchte ich Gedanken erörtern, die sich von der Naturgeschichte her ergeben, und versuchen, damit eine Problematik neu zu beleuchten, die, wie ich meine, im Menschenbild des historischen Materialismus im allgemeinen zu kurz gekommen ist.
Die ungeschlechtliche Fortpflanzung niederer Lebewesen garantiert diesen, durch einfache Zellteilung, so etwas wie prinzipielle Unsterblichkeit, Zeitlosigkeit. An der Stelle von Entwicklung steht Reproduktion. Erst durch das Auftauchen von Geschlechtlichkeit kamen Fortentwicklung, Differenzierung von Möglichkeiten und damit Ansätze von Individualität in die Natur. Gleichzeitig ist der Tod in die Welt gekommen. Dieser konkrete Tod als das Sterben von Individualität ist die *Bedingung von Entwicklung,* nicht ihr Nebenprodukt. Solche Überlegungen tendieren zu einer Apotheose der (geschlechtlichen) Liebe. Caudwell, dem ich mit diesen Gedanken folge, schreibt hierzu: «Liebe, die Spenderin der Individualität, ist auch Spenderin des Todes, der Antithese der Persönlichkeit. Deshalb scheinen der Lebenstrieb und der Todestrieb, Eros und Thanatos, so eng miteinander verbunden, (...) weil der Tod die Liebe begrenzt. (...) Das ist so etwas wie ein Preis, den das Leben für größere Mannigfaltigkeit zahlt, dafür, daß es das geworden ist, was wir unter Leben verstehen. Den Zeiger der Zeit zur Eile antreibend, zahlen wir für größere Lebensfülle und Vielfältigkeit mit der unschätzbaren Münze des Todes... Erst dort, wo es sexuelle Liebe und wirklichen Tod gibt, kann man von ‹Persönlichkeiten› und ‹Individuen› sprechen. (...) Die Geburt einer neuen Persönlichkeit verlangt den Tod der alten. Dieses ‹Ich›, das stirbt, wird vom Tod geschaffen.» Es ist erstaunlich, solche Gedanken bei einem Vertreter des historischen Materialismus, der Caudwell war, zu finden. Ich sehe in ihnen einen entscheidenden Schritt, im dialekti-

26

schen Materialismus über das Problem der Ausklammerung des Todes aus dem gesellschaftlichen Leben und damit über eine letztlich undialektische Vorstellung von Fortschritt und Entwicklung des Bewußtseins hinauszukommen. Caudwell geht sogar so weit, gerade in diesem Punkt das marxistische Axiom von der Identität der Gegensätze am wahrsten ausgeprägt zu finden. Aus christlicher Sicht ergänzt dazu J. B. Metz: «Und ist nicht die aggressive, hemmungslos totale Unterwerfung der Natur letztlich der Versuch des herrscherlichen Menschen, seinen Tod aus der Welt zu schaffen? Ist in diesem Sinne unsere wissenschaftlich-technische Zivilisation mit ihrem Trieb zur totalen Unterwerfung der Natur nicht eine einzige Gigantomachie der Todesverdrängung? Ist die unendliche Straße unseres Fortschritts nicht eigentlich ein Fluchtweg, ein Weg der Todesflucht? (...) Die Verdrängung des Todes hat uns zu hemmungslosen Unterwerfern gemacht. Sind wir inzwischen aber nicht längst unserem eigenen Unterwerfungsprinzip unterworfen? Jenem Herrschaftsprinzip, das den Tod nur verdrängen kann, indem es selbst immer neu tote Verhältnisse produziert und so die Frage nach einem Leben vor dem Tod immer mehr zur Frage des reinen Überlebens reduziert?»

Solche Überlegungen könnten, ja müßten zur Auflösung des Gegensatzes zwischen negativ besetzter Innerlichkeit und positiv besetztem Fortschrittsdenken, zwischen Regression und Progression führen. Hierzu Dorothee Sölle: «Die Frage ist nur, welchen Wert wir der Regression beimessen und wie wir sie beurteilen. Nur für totale Progressisten, den Manager als Typus, ist sie wertlos. ... Man kann aber die Beobachtung machen, daß kreative Leistungen aus tiefen Regressionen kommen. Nicht nur Künstler, auch Wissenschaftler ‹finden› wesentliche Ergebnisse, statt sie zu machen. Unsere Kultur verleugnet die ‹Werte der Nacht›, sie beleuchtet alles überscharf, sie zerstört den Rhythmus des Schlafens durch Schichtarbeit, sie diffamiert die Regression. ... Man kann die Religionskritik auffassen als einen Versuch, die menschlichen Möglichkeiten zur Regression zu verkürzen. ... Das individuelle Unbewußte wird – als peinlicher Rest – zugestanden und bearbeitet, nicht aber die großen kollektiven Versuche, Regression einzuüben und sie zu humanisieren, wie es die Religionen in den Mythen und Ritualen vollziehen. (...) Damit aber werden die wirklichen Fragen, die eine progressistische Kultur aufwirft, verdrängt. Diese lauten: Welcher Zusammenhang besteht zwischen Regression und einem Progreß, der diesen Namen verdiente? Wieviel Regression braucht der Mensch, um progredieren zu können? Wieviel ‹Weg nach innen› brauchen wir, um wirkliche Veränderung außen herzustellen?» Dorothee Sölle kritisiert aufs schärfste die Kurzsichtigkeit, womit in einem sogenannt fortschrittlichen Bewußtsein mystische Spiritualität als Weltflucht schlechthin, als Regression im negativen Sinne abgewertet wird. Sie weist darauf hin, daß ja gerade die großen christlichen Mystiker des Mittelalters aus ihrem mystischen Denken und Leben heraus die Kraft und Selbständigkeit, auch die Angstlosigkeit schöpften, welche sie befähigten, gegenüber den konventionellen kirchlichen und weltlichen Autoritäten ihrer Zeit ein erstaunliches Maß an Unabhängigkeit und Widerspruch zu wagen, und so nicht selten offenen Widerstand gegen den Mißbrauch kirchlicher Macht nicht nur zu predigen, sondern zu leben. Viele gerieten in Häresie-Verdacht oder wurden als Häretiker verfolgt. Solche Geisteshaltung, die Dorothee Sölle in ihrem Zürcher Vortrag mit dem Titel «Meditation und Widerstand» bestürzend zeitgemäß auszulegen wagte, läßt sich in unserem Jahrhundert weiter verfolgen bis zu der «roten Heiligen» Simone Weil. Ich möchte hinzufügen, daß ich diese Spiritualität – erneuert durch die lateinamerikanische Theologie der Befreiung – in Ernesto Cardenal besonders stark verkörpert sehe. (Es ist ja nicht nur ein Zufall, daß eine seiner Gedichtsammlungen den gleichen Titel hat wie Dorothee Sölles Zürcher Vortrag.) Vom Künstler und seiner Arbeit ist eine solche Disposition der geistigen Kapazitäten, die – bei aller notwendigen Fähigkeit zur Analyse – das «Umfassen des Ganzen» anstrebt, ohnehin nicht wegzudenken. Auch eine «Ästhetik des Widerstands» (Peter Weiss) ist – jedenfalls für den Komponisten – nicht zu leisten ohne diese Konzentration auf das Ganze im schöpferischen Vorgang selbst.

Mit solcher Fragestellung stößt man an das *große Enigma*, welches uns die Musik als eine Kunst bis zum heutigen Tage stellt, insofern alle ihre Prämissen – Tonhöhe, Klangfarbe, Tondauer, Lautstärke, Artikulation, formale Gestalt etc. – im Phänomen der Zeit beschlossen sind und wir, wie die moderne Physik aufgezeigt hat, bis heute nicht wissen, was Zeit eigentlich sei, wenn überhaupt etwas anderes als eine menschliche Fiktion. – Musica als *die* Zeitkunst, das große Rätsel, uns aufgegeben, um die Undurchdringlichkeit dessen, was es verbirgt, wenn schon nicht aufzulösen, so doch zu lichten ...

(In den Skizzen zu meinem zweiten Streichquartett ... VON ZEIT ZU ZEIT... notierte ich im Sommer 1984: «Die Anstrengung des *Umfassens* ist nichts Zusätzliches, sondern das Eigentliche. Das ‹Arme Ausbreiten, Ausdehnen›, das Umgreifen ist der eigentliche schöpferische Akt. Anstrengung bis zum Zerbrechen, in jedem (möglichen) Augenblick, in jedem *Jetzt*. Die ‹Aufmerksamkeit› ist das Schwierigste und Entscheidendste.»

Wäre, so gesehen, der schöpferische Prozeß ein möglichst vollkommenes Offensein und Gespanntsein in der Gleichzeitigkeit? Würde ihm gerade dies ermöglichen, etwas wie «Zukunft» zu antizipieren? Könnte, müßte dann nicht die schöpferische Arbeit dem gesellschaftlichen Sein in einem ganz bestimmten Sinne «vorausleuchten», wie dies Caudwell meint?

Die Problematik des schöpferischen Prozesses abschließend, möchte ich zur Notwendigkeit der Umkehr zurückkommen.

Die «Einsamkeit», wie sie aus der «Verinnerlichung», dem «Weg nach innen» hervortritt, muß in jedem Falle zu irgendeinem Zeitpunkt überschritten werden, soll aus ihr das werden, was Metz «Umkehr» nennt. Die Umkehr der Herzen, wie Metz sie meint, «schlägt senkrecht ein», führt aber, wenn sie mehr als eine vorgestellte, nämlich eine existentielle ist, von sich aus zu gesellschaftlicher Nähe, zum Zusammenrücken, Sich-Zusammenschließen. Hier denkt Metz vor allem an die Basisgemeinden als wirkliche, messianische Zukunft eines erneuernden christlichen Glaubens.

«Die Prognose über die Zukunft der Kirche als einer Basiskirche ist gestützt und begleitet von einer gesellschaftlichen Diagnose. Dieser Diagnose zufolge stehen wir zunehmend in einer Übergangs- und Umbruchsituation. Diese Situation läßt sich versuchsweise kennzeichnen als Abschied vom sogenannten bürgerlichen Zeitalter, als Übergang in eine freie nachbürgerliche und nachkapitalistische Gesellschaft. Die Kirche als Basiskirche hätte die Chance, in dieser Situation des Übergangs nicht Nachzügler, sondern ‹Vorreiter› zu sein, um so auch der drohenden Barbarei eines nachbürgerlichen Zeitalters rechtzeitig zu widerstehen. (...) Signale für diesen Umbruch gibt es viele. (...) Das wichtigste Signal (...) ist für mich die Tatsache, daß die Dritte Welt unausweichlich in unsere eigene historische gesellschaftliche Situation eingerückt ist. Mitteleuropa, unser mitteleuropäisches Bürgertum und Christentum, kann sich kein Weltkonzept mehr leisten mit Hilfe eines Modells der sanft gleitenden Entwicklung; das würde im Grunde nur die Arroganz unserer mitteleuropäischen Entwicklungslogik entlarven, mit der wir uns zur unbefragten Spitze der gesellschaftlichen Weltevolution ernennen. Gerade durch das Einrücken der Dritten Welt in unseren eigenen Lebenshorizont erfahren wir immer deutlicher, wie oft diese sogenannten unterentwickelten Völker Opfer unserer europäischen

Expansion sind. Ihr Elend wird immer dringender zu einer prakti-schen Rückfrage an unsere bürgerliche und christliche Identität und zur Aufforderung, uns selbst mit den Augen unserer Opfer zu beurteilen. (...) Von dieser Umkehr hängt schließlich in einer bereits heute erkennbaren Weise der Friede in unserer Welt ab.»

Zum Richtungssinn einer anthropologischen Revolution
...«Theologie der Befreiung», wie sie uns hier zugemutet und abgefordert ist. (Johann Baptist Metz)

In seinem Vortrag «Brot des Überlebens» – das Abendmahl der Christen als Vorzeichen einer anthropologischen Revolution – kommt Metz mit einer Deutlichkeit auf die Problematik des Rich-tungssinnes im revolutionären Prozeß unserer Gegenwart zu spre-chen, die mich veranlaßt, ihn hier ein letztes Mal ausführlich zu Wort kommen zu lassen. – Seine Überlegungen fördern mit großer Klarheit zutage, wie und in welcher Richtung *Metanoia* als die grundlegende Forderung messianischen Christentums die Stoßkraft revolutionären Denkens und Handelns heute zu beeinflussen vermag.
«Wenn wir Christen in dieser Krise nicht nur zu Handlangern einer Überlebensstrategie der ohnehin reichen und mächtigen Völker werden wollen, einer Überlebensstrategie, die allemal zu Lasten der armen und längst ausgebeuteten Menschen gehen wird, müssen wir eine ‹anthropologische Revolution› wagen und den Aufstand anzet-teln gegen die Katastrophe, ‹die darin besteht, daß es so weitergeht› (Walter Benjamin). Was hier (...) als anthropologische Revolution erläutert werden soll, ist ohne Analogie in der neuzeitlichen Revolu-tionsgeschichte. Vielleicht kann diese anthropologische Revolution als revolutionärer Bildungsprozeß einer neuen Subjektivität gekenn-zeichnet werden. Aber das ist schon wieder mißverständlich! In jedem Falle handelt es sich um einen Befreiungsprozeß. Und die Theologie, die auf diesen Befreiungsprozeß zielt, wäre jene ‹Theolo-gie der Befreiung›, die uns hier zugemutet und abgefordert ist, damit wir jene andere, in den Ländern auf der Schattenseite dieser Erde und ihrer Geschichte, nicht verraten und im Stiche lassen oder gar als rundweg unchristlich denunzieren. Dieser Befreiungsprozeß der anthropologischen Revolution ist sowohl in seinen Inhalten wie in seinem Richtungssinn verschieden von den uns geläufigen Vorstel-lungen sozialer Revolutionen. Es geht in dieser anthropologischen

Revolution ja nicht um eine Befreiung von unserer Armut und von unserem Elend, sondern von unserem Reichtum und dem allemal überschießenden Wohlstand; es geht nicht um eine Befreiung von unseren Mängeln, sondern von unserem Konsum, in dem wir am Ende uns selbst konsumieren; es geht nicht um eine Befreiung von unserem Unterdrücktsein, sondern von der unveränderten Praxis unserer Wünsche; es geht nicht um eine Befreiung von unserer Ohnmacht, sondern von unserer Art der Übermacht; nicht um eine Befreiung von unserem Beherrschtsein, sondern von unserem Herr-schen; es geht nicht um eine Befreiung von unseren Leiden, sondern von unserer Apathie; es geht nicht um eine Befreiung von unserer Schuld, sondern von unserer Unschuld oder besser, von jenem Unschuldswahn, den das herrscherliche Leben längst in unseren Seelen verbreitet hat. – Diese anthropologische Revolution will gerade die nichtherrscherlichen Tugenden an die Macht bringen und in diesem Zusammenhang übrigens auch unsere Gesellschaft von der reinen Männerkultur befreien. ... Marx hat einmal die Revolu-tionen als Lokomotiven der Weltgeschichte bezeichnet. Walter Ben-jamin hat das kritisch-nachdenklich kommentiert: ‹Vielleicht ist dem ganz anders. Vielleicht sind die Revolutionen der Griff des in diesem Zuge reisenden Menschengeschlechts nach der Notbremse.› Revolu-tion also nicht als dramatisch beschleunigter Fortschritt, nicht als kämpferisch angeschärfte Evolution; Revolution vielmehr als Auf-stand dagegen, ‹daß es so weitergeht›, Revolution als – *Unterbre-chung:* Eben das scheint mir der Richtungssinn der anthropologi-schen Revolution zu sein. (... Sie) ist gewissermaßen unsere christli-che Reaktion auf die sogenannte Überlebenskrise. (...) Aber dieser revolutionäre Kampf gegen uns selbst, gegen unsere herrscherlich-ausbeuterische Identität, ist gleichzeitig und untrennbar die grundle-gende Praxis unserer Solidarität mit den armen und ausgebeuteten Völkern dieser Erde. Da es sich bei deren Armut und unserem Reichtum, bei deren Ohnmacht und unserer Übermacht um ein Abhängigkeitsverhältnis handelt, muß dem Befreiungswillen dieser Völker bei uns der Kampf gegen uns selbst entsprechen, der Kampf gegen die eingeschliffenen Ideale des Immer-noch-mehr-Habens und gegen die Überdeterminiertheit unserer gesamten Lebenswelt durch Herrschaft und Konkurrenz. Nur wo diese soziale Dialektik der ökologischen Frage im Auge bleibt, wird der in ihrem Namen heute bei uns geführte Kampf ums Überleben nicht zu einem letzten Versuch, uns zu Lasten der ohnehin Schwachen und Unterdrückten zu retten.»

Es fällt auf, daß der Sprachstil von Metz, wenn es sich um Gegenüberstellungen im Sinne der Umkehr und des sich daraus ergeben-
den neuen Richtungssinnes handelt, mit seinen Gegensatzpaaren bei
den großen, volkstümlichen Bußpredigern des Mittelalters oder bei
Abraham a Sancta Clara anknüpft und sich so ganz offensichtlich in
eine kämpferische theologische Tradition einreiht. Metz erreicht
damit eine breite Eindringlichkeit, die ich nicht missen möchte.

Erschütterung und Stäubchen von Licht
Ziel meines Schaffens und Hoffnung nach vorne

Die Bedeutung der zeitgenössischen Kunstmusik für die Entwicklung eines kritisch differenzierenden allgemeinen kulturellen
Bewußtseins ist – das werden wir ohne Zögern zugeben – an einen
äußersten Rand abgedrängt. Ich habe dies, mit Hilfe Caudwellscher
Überlegungen, zu erklären versucht. Gerade diese Situation aber,
die ich als real existierende Gettosituation umschrieben habe, legt
dem Komponisten den Ausbruch und Umbruch besonders nahe, ja
sie provoziert ihn dazu, insofern er über die notwendige kulturpoliti-
sche Sensibilität verfügt.
Es gibt hierbei für ihn prinzipiell zwei verschiedene Wege. Entweder
er verläßt mit seiner Kunst alle bürgerlichen Institutionen, womit er
bewußt auf die bürgerlich tradierten und belasteten Aufführungs-
und Organisationsmittel wie Sinfonieorchester oder Konzertsaal
verzichtet und jede Einflußnahme auf ein bürgerliches Publikum
aufgibt. Oder er komponiert zwar weiterhin innerhalb dieser Strukturen, also für den Konzertsaal, das Radio, die Bühne, wendet sich
aber künstlerisch radikal gegen die bürgerlichen Gewohnheiten,
sowohl inhaltlich wie formal, womit er versuchen wird, die Lethargie
und Apathie bürgerlicher Kunstpflege an Ort und Stelle zu
sprengen.
Ich gebe gerne zu, daß ich nach wie vor auf die Ansprechbarkeit des
bürgerlichen Publikums baue. Und das sind wir, nach Metz, im
Grunde genommen doch immer noch allesamt. Deshalb suche ich
Resonanz nicht im Rückzug auf so oder so elitäre Zirkel, die,
zumeist reichlich snobistisch, ihr kulturelles Leben auf sogenannt
rein ästhetische Werte ausrichten möchten. Vielmehr suche ich
Resonanz im Aufbrechen der affirmativen Gewohnheiten des
Hörers, direkter gesagt, in der affektiven Erschütterung seines
Bewußtseins.

Im Zusammenhang mit meinem oratorischen Werk Erniedrigt –
Geknechtet – Verlassen – Verachtet ... formulierte ich das so:
«Ich für meinen Teil versuche, *in* der Musik, die ich mache, das Bewußtsein meiner Zeitgenossen, meiner Brüder und Schwestern, die
– wie wir alle – zu schlafenden Komplizen weltweiter Ausbeutung
geworden sind, hier und jetzt zu erreichen, zu wecken. Und dies mit
einem nicht geringeren Anspruch als dem: ihr Denken und Fühlen
aufzubrechen, ... zu erschüttern. Und sei es vorläufig, blitzartig, für
ein paar wenige Sekunden, die nicht mehr auszulöschen sind ...
Ich gebe gerne zu, daß dieser Anspruch über die Spiegelfunktion der
Kunst um einiges hinausreicht. Gerade um soviel, daß das Prinzip
Hoffnung am Horizont aufdämmert – die konkrete Utopie: Veränderung der Zukunft durch die Gegenwart. Das Gewissen einer
Gegenwart besteht aus den Gewissen jener, die nicht bereit sind, es
aufzugeben.»
Wenn ich deshalb die der Musik als Zeitkunst verbleibende Hoffnung hier verkleinernd als *Stäubchen von Licht* auszusprechen wage,
so meine ich es in keiner Weise resignativ, sozusagen als Kompro-
miß, der zu retten versucht, was noch zu retten wäre. Vielmehr
glaube ich sehr konkret, daß aus einem winzigen Punkt, im Sinne
eines Umbruchs, neues Bewußtsein zu entstehen vermag.
Im Arbeitsprotokoll zu meinem 2. Streichquartett notierte ich:
«... Ob es noch einen *Neuansatz* gibt? Den (letzten) *leuchtenden
Sinn* herauspressen, wie eine ‹Neugeburt›; Geburt aus der Schwärze
heraus – als das eigentlich *Unmögliche* – als *das Rätsel*. – Hier die
Anstrengung des Umfassens (wie ich es nannte) als das *Eigentlichste*,
was ‹Leben schafft›. – Die *Anstrengung bis zum Zerbrechen*. Hier:
Zerbrechen des Tores der Schwärze. Als das eigentlich Schöpferi-
sche, hier aber als etwas wie Sieg ... *(Wiedergeburt?)* ... Heraus aus
der Sicherheit alles Toten. Überwindung der Individualität ...»

Der vorstehende Text entstand von Oktober 1984 bis Januar 1985 und wurde in
dieser Länge bisher nicht veröffentlicht. Eine gekürzte und überarbeitete Fassung
erschien in «Notwendigkeiten. Auf der Suche nach einer neuen Spiritualität», hrsg.
v. Philippe Dätwyler, Zürich 1985, und in «MusikTexte» 9/1985 (Köln).
Die längeren Zitate von Caudwell und Metz stammen aus folgenden Büchern:
Metz, Johann Baptist: Jenseits bürgerlicher Religion. Reden über die Zukunft des
Christentums. München/Mainz 1980.
Caudwell, Christopher: Studien zu einer sterbenden Kultur. Dt. München 1974 und
Frankfurt/Berlin/Wien 1977 (Ullstein-Taschenbuch).

Das dritte Stück ist in seiner differenzierten solistischen Anlage auf die subtile klangfarbliche
und mikro-intervallische Veränderung eines geradezu minimalen Akkord - Prozesses angelegt.

a) der AKKORD-PROZESS

Vier Akkorde verwandeln sich ausserordentlich langsam - beinahe unmerklich - vom einen zum anderen,
indem Ton für Ton wechselt. Vom letzten Akkord (δ) aus dreht sich die Verwandlung in eine Variante
des ersten Akkordes (α) zurück.
Zentralton dieses Prozesses ist von Beginn an as', das erst in Akk. β) nach g' wechselt, um über e' (δ)
nach as' zurückzukehren. - Um die Bedeutung des ZENTRALTONES hervorzuheben, erklingt er im Ausgangsakkord
in drei Oktaven (as', as², as⁴), in Akk. (α) in vier Oktaven. (+As)
(Akk. (δ) bringt dem gegenüber b in drei Oktaven, e in zwei Oktaven.)

Der Zentralton as' wird fortwährend umgefärbt; er erscheint der Reihe nach in folgenden Instrumenten:

Flauto alto - Horn - Bassetthorn - Violine I - Violine II - Viola - Violoncello - Kontrabass
(pizz. flag.)

Er wird zunehmend mikro-intervallisch umspielt/ verändert:

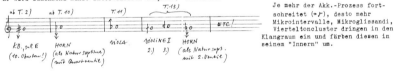

Je mehr der Akk.-Prozess fort-
schreitet (→γ), desto mehr
Mikrointervalle, Mikroglissandi,
Vierteltoncluster dringen in den
Klangraum ein und färben diesen in
seinem "Innern" um.

Ausschnitt aus Klaus Hubers Analyse von Stäubchen von Licht

Nicaraguanisches Tagebuch

In Managua sind 99 Prozent der Häuser einstöckig, auch die prächtigen Villen, und solche gibt es immer noch nicht wenige. Das macht aus Managua so etwas wie ein riesiges Dorf (ca. 400 000 Einwohner). Ich bezweifle, ob es tatsächlich das Ergebnis des großen Erdbebens von 1972 sein kann. Eher vermute ich, daß in Anbetracht der relativen Wahrscheinlichkeit von Erdbeben eben traditionell so und nicht anders gebaut wird.

Im Hotel frage ich nach einem «plano de ciudad». Man hat zwar *einen,* kann ihn aber verständlicherweise nicht hergeben. Es ist eine vom zuständigen sandinistischen Ministerium herausgebrachte Karte, mit der Hauptstadt Managua auf der einen Seite, einer vollständigen, sehr grünen Karte des Landes, seiner Situation im Zentrum der westlichen Hemisphäre und einer Reliefdarstellung seiner 17 (?) Vulkane auf der Rückseite – gedruckt im Jahre der Alphabetisierung. – Also notiere ich mir anhand des Stadtplanes eine Planskizze. – Erstaunlich! Kaum zwei Kilometer vom Hotel entfernt die Favela Acahualinca, die in Cardenals berühmtem Gedicht «Oraculo sobre Managua» als Elendsviertel beschrieben ist: «Kinder mit aufgeblasenen Bäuchen und Beinen wie Stöckchen ... Schwein und dickbäuchiges Kind in derselben Pfütze ...» Ich beschließe, in dieser Richtung zu gehen, Richtung See. (Dabei bemerke ich: Niemand glaubt mir, daß ich das schaffe.)

Alles ist viel näher, als ich dachte, finde mich ganz leicht durch. – Das erste, das Schockierende: Die Favelas beginnen nicht etwa ausserhalb von Managua, am Rand der Stadt. Hütten, Erdwege, Favellados *direkt angrenzend* an die Villen, diese zu einem Teil geradezu luxuriös. (Man kann durch die offenen Fenster der Interieurs sehen.)

Die Villen der Reichen eingezäunt, befestigt mit Zäunen verschiedenster Machart, bis zu zweieinhalb, drei Metern Höhe. Raffinesse in der Differenzierung der verschiedenen Einzäunungen, vom Drahtgeflechtgitter bis zu Eisenstabgittern jede Variante. Oben sind die Einzäunungen meistens begrenzt von messerlangen Eisenstacheln, auf den Mauern eingepflasterte Glasscherben. Richtiggehend eingeigelt haben sich diese Villenbesitzer. Es scheint, sie haben sich selber zu Gefangenen, zu Gefangenen ihres eigenen, privaten Besitzes gemacht.

Dagegen die Hütten der Pobres – die meisten immer noch aus «Pappe und Wellblech»; die sandinistische Regierung stellt den Favellados einfachste Baumaterialien wie Holz, Dachpappe, Blech zur Verfügung, um die Hütten zu reparieren, zu vergrößern, neu zu bauen. Das Elend solchen Wohnens ist für diese Menschen nicht so katastrophal, wie wir vielleicht denken, solange sie ein Dach gegen die Regenfälle haben, solange sie Wasser haben, zu essen haben. Man hat Wasserleitungen gebaut, ihnen geholfen, einfachste Latrinen zu bauen, da und dort gibt es elektrische Leitungen, medizinisch werden sie gratis betreut.

Die Villenbesitzer, vor wem oder was haben sie solche Angst, daß sie sich ihre eigenen Gettos bauen? Ist ihre einzige Angst, den privaten Besitz zu verlieren oder teilen zu müssen? Man hat ihnen hier in der Stadt offensichtlich kaum etwas weggenommen, jedenfalls nicht jenen, die hiergeblieben sind. Obwohl es in Cardenals Gedicht heißt: «Reißt die Zäune ein! ... Der Boden gehört allen, nicht den Reichen!» – ich habe es so komponiert –, stehen diese Zäune weiter, und es macht allen Anschein, als wiege sich der reiche Bürger wieder in alter Sicherheit... (Ähnliches sah ich in Israel in einer paradiesisch schönen Wüstenoase, die früher den Arabern gehörte. Man müsse sich eben vor den Arabern schützen, die stehlen würden. Diese haben heute ihre Zelte oder auch Bretterbuden einen halben Kilometer in der Wüste draußen in Sichtweite aufgeschlagen, sie arbeiten in ein, zwei Fabriken am Oasenrand.) – An einer jetzt offensichtlich verlassenen, unbewohnten Villa lese ich, an die Gartenmauer geschrieben: «aqui habita un contra» (hier lebt[e] ein Contra). Aber die allermeisten, fast alle dieser Villen sind bewohnt: bessere Familien... Ich sehe die Autos in den Einfahrten; hinter den Gittern, das geht bis zum Cadillac.

Auf meinem Rückweg bleibe ich an einem dieser Drahtgitterzäune stehen, schaue hinein in den üppigen, blühenden Garten – es ist schon Nacht geworden –, in die offenen Wohnräume. Der Herr des Hauses, barsch aus dem Fenster, sagt so etwas wie: «Was machen Sie hier?» Ich antworte auf englisch: «Ich stehe hier, betrachte Ihre Villa und mache mir meine Gedanken...» Erstaunlich auch – das war sonntags – die einzigen Kinder, die nicht herzlich, fröhlich, sogar zutraulich waren, ein Knabe und ein Mädchen aus so einer besseren Familie. Das Mädchen streckt mir schnell mal die Zunge raus, der Knabe zielt auf mich mit einer Plastikpistole. Ich bleibe stehen. Sie sind etwas verlegen, ebenso die Mutter, die von der Straße kommt und sie in die Villa nimmt.

Überall wieder dieser gleiche Gegensatz. Die Hütten der Favelas direkt angrenzend an die Villen mit ihren Gärten und den Drahtverhauen. Die Menschen gehören ganz offensichtlich verschiedenen Klassen an. Trotzdem, alles ist friedlich, freundlich, sehr heiter. Auch die Armen (los pobres) scheinen gut und sauber gekleidet. Überall und immer waschende Frauen, Mädchen. Die Menschen scheinen gesund zu sein, sehen nicht nach Hunger aus. Niemand bettelt mich an oder versucht – wie in Habana –, schwarz Dollars einzutauschen. Nirgends treffe ich krank Aussehende; Krankenbetreuung und Medikamente sind gratis. Überall an den Straßenecken und in den Buden: Früchte, Früchte, Reis mit schwarzen, kleinen Bohnen gemischt («Cristianos y Morros»), auf dem offenen Feuer gebratenes Fleisch. Die Speisen werden auf Bananenblättern gereicht. Man trinkt dazu Bier, wer sich das leisten kann. Kinder, die einkaufen. Oder dann trinkt man ein Fruchtgetränk, gemischt aus Melonen-, Kürbis-, vielleicht Papayasaft, mit Wasser, Zucker, etwas gekochtem Reis verrührt. Ganz schön erfrischend. Etwa vergleichbar dem Zuckerrohrgetränk ohne Alkohol, das in Habana aus großen Aluminiumkannen ausgeschenkt wird, wo die Frau, die mir das zweite Glas vollschenkt, kommentiert: «Nieder mit der Repression!» Überall die kleinen, roten Bananen.

Ich denke, das Leben in solcher keinesfalls frei gewählter Armut *ist* immerhin ein Leben, friedlich, sehr fröhlich, von einer überbordenden Lebensfülle. Kinder, Kinder überall. Die jungen Väter sind stolz auf ihre Kinder, lieben sie. Ich denke an das «Evangelium der Bauern von Solentiname», das Cardenal veröffentlicht hat. – Einige anglikanische Pfarrer und ein Bischof, alle aus New York, die hier sind, um Nicaragua aus eigener Anschauung kennenzulernen, sie sind mit mir im gleichen Hotel, haben ähnliche Eindrücke. Einer unter ihnen, ein Mittelamerika-Experte, der viele Jahre in Mexiko lebte, meint: Seit die Sandinisten das Land hier regieren, nach dem Sieg der Revolution also, geht es den vielen ganz allmählich und Schritt für Schritt besser, das Volk kann aufatmen. Den wenigen, die sich lauthals beklagen (vor allem in der «Prensa»), ihnen geht es – so meint er – vielleicht ein ganz klein wenig schlechter . . .

Eine Kirche. Man hört die katholische Messe, Musik. Die Kirche ist an drei Seiten offen, die Türen stehen weit geöffnet. Voll von Leuten. Kinder, mit der Flasche in der Hand, gehen zwischen den Bänken umher. Andere hören und staunen. (Das Alter der Gemeinde zwischen drei und achtzig Jahren, sehr viele junge Leute, viele Mütter.) Ein junger Priester predigt eindringlich, sehr direkt, nüchtern; sehr viel spricht er – wie ich verstanden zu haben glaube – von den Pobres, denen das Himmelreich gehört. Von Christi ewigem Leben, seinem Dasein für uns. (Viel direkter Lärm von der Straße, der nicht zu stören scheint, knatternde Motorräder...) Der Priester ist fortschrittlich, scheint aber nicht ganz die revolutionäre Linie der «Kirche des Volkes» zu vertreten. Sicher aber ist er auch kein Anhänger des reaktionären Erzbischofs von Managua. Ich kann das seinen Fürbitten entnehmen, wo er nur die Priester, nicht aber den Erzbischof oder die Bischöfe erwähnt, auch nicht den Papst. Man sieht kein einziges Bild des Papstes in der Kirche. Hingegen findet man Papstbilder mit Willkommenssprüchen, wohl vom Papstbesuch her, über vielen Hauseingängen der Reichen und einer eher in Granada definierbaren alteingesessenen bürgerlichen Mittelschicht.

In der Kirche gibt es keinen Altar. Ein großer, rechteckiger Tisch ist gedeckt, mit seiner längeren Seite zu den Leuten hin. Blumen, goldgelb und weiß. Blumenkreuze, goldgelb und grün. An der Schmalseite ist Kelch und Hostie vorbereitet. Der Priester tritt an den Tisch und beginnt die Feier des Abendmahls. – Auf dem Lande, so höre ich, wird in den Volkskirchen Brot für das Abendmahl verteilt. Brot zum Essen und Sattwerden.

Aus den Tagebuchnotizen Klaus Hubers bei seiner ersten Reise nach Nicaragua im Sommer 1983.

Gegenüberliegende Seite: Stadtplan von Managua. Die Favela Acahualinca befindet sich in der linken oberen Ecke am See.

38

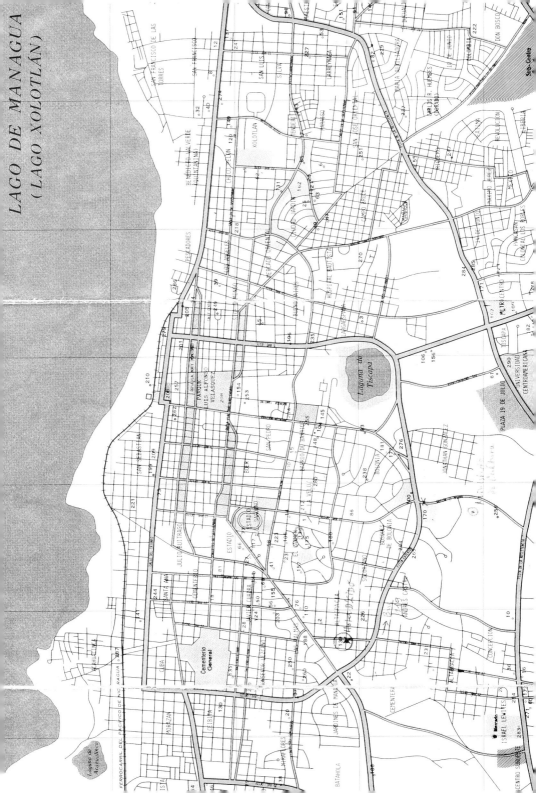

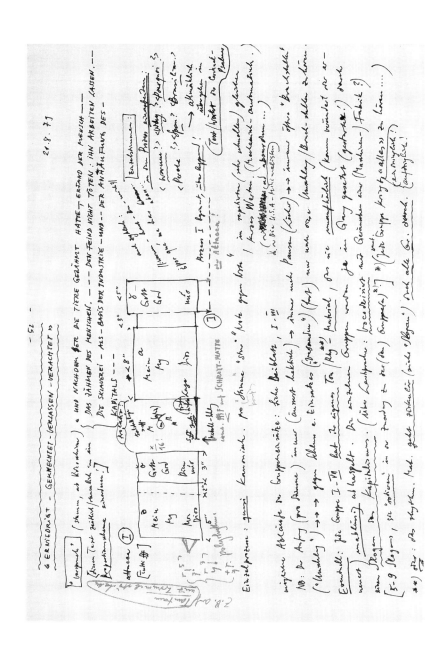

ERNIEDRIGT...: Skizze zum «Vorspruch» und zum «Schrei» im Anfangsteil (Aus dem Skizzenbuch 1976–1980)

Erniedrigt – Geknechtet – Verlassen – Verachtet . . .
Das Hauptwerk der frühen achtziger Jahre

Es geht heute nicht mehr an, hermetische Kunst auf eine idealere Zukunft hin zu schaffen. Cardenals Ruf «Steht alle auf, auch die Toten!» trifft – nicht zuletzt – auch den Künstler, auch den, der seinen Glauben daran hängt, es genüge, sich mit Komponieren als möglicher Selbstverwirklichung zu beschäftigen, als sei diese Kunst autonom.

Die Herausforderung durch die konkreten Verhältnisse unserer Gegenwart ist so übermächtig, daß wir – nicht nur wir Künstler – wie gelähmt zurückbleiben. Und ich meine damit nun beileibe nicht nur die Wirklichkeit der Dritten Welt, sondern ebensosehr die unserer eigenen und jener, die man die Vierte nennt: die Ausgestoßenen, Erniedrigten, die Marginalen in unseren eigenen Städten und Ländern.

Ich versuche, in der Musik, die ich mache, das Bewußtsein meiner Zeitgenossen, meiner Brüder und Schwestern, die – wie wir alle – zu schlafenden Komplizen weltweiter Ausbeutung geworden sind, hier und jetzt zu erreichen, zu wecken.

Und dies mit einem nicht geringeren Anspruch als dem: ihr Denken und Fühlen aufzubrechen, zu erschüttern. Und sei es vorläufig, blitzartig, für ein paar wenige Sekunden, die nicht mehr auszulöschen sind.

Ich gebe gerne zu, daß dieser Anspruch über die Spiegelfunktion der Kunst um einiges hinausreicht. Gerade um soviel, daß das Prinzip Hoffnung am Horizont aufzudämmern vermag – die konkrete Utopie: Veränderung der Zukunft durch die Gegenwart. Zu Beginn meines Werkes, das ich Ernesto Cardenal und Ernest Bour gewidmet habe, stehen sich stammelndes Verstummen und zerreißender Schrei direkt gegenüber. Es ist dies für mich die einzig mögliche Weise, mich musikalisch kongruent zum Anfang des Leidenspsalms zu äußern: «Mein Gott, warum hast Du mich verlassen . . .»

Das Zusammenprallen von äußerstem Pianissimo (an der Hörgrenze) und äußerstem Fortissimo (an der Schmerzgrenze) bleibt zentral bedeutend für das ganze Werk, bezeichnet den Raum zwischen Verstummen und Schrei und deutet die Richtung dieser Musik als Passion des ausgebeuteten, erniedrigten Menschen in unserer Zeit.

41

Von der Intention und der Klanggestalt her ist die Komposition ERNIEDRIGT – GEKNECHTET – VERLASSEN – VERACHTET ... das, was gewöhnlich als «engagierte» Musik bezeichnet wird. Die verwendeten Texte weisen über den ästhetischen Bereich hinaus. Sie handeln von gesellschaftlichen Problemen und zielen auf eine Veränderung des Bewußtseins. Die in ihnen formulierten politischen, moralischen und menschheitsgeschichtlichen Ideen sind der Musik nicht von außen aufgepfropft und lassen sich daher auch nicht als äußerliche Schicht von ihr ablösen. Sie sind durch den Kompositionsvorgang in das Werk integriert worden und verdichten sich zum intellektuellen und emotionalen Gehalt der Komposition. Der Komponist bekennt sich durch das Werk zu diesen Ideen. Er bezieht Stellung und fordert die Interpreten und Hörer seiner Musik ebenfalls zur Stellungnahme auf.

Wenn nichtmusikalische Ideen und musikalische Gestalt so eng miteinander verschmelzen, daß ohne diese Verbindung das eine nicht lebensfähig, das andere blutleer bliebe, so kann man die Hypothese aufstellen: Je höher der Grad der kompositorischen Durchstrukturierung, desto konkreter manifestiert sich der Gehalt.

Die Besetzung des Werks umfaßt Mezzosopran, Tenor/Sprecher, Baßbariton[1], Knabenstimme, 16 Einzelstimmen, gemischten Chor (40–60 Sänger), 47 Instrumentalisten, 1 Chor-, 3 Neben- und 1 Hauptdirigenten. Dazu kommen an technischem Material: Zwei- und Vierspurtonbänder, Videoband, Mikrophone, Bild- und Tonwiedergabegeräte (2–3 Videomonitore, 4 Lautsprecher in den Saalecken für Tonbandwiedergabe, 4 Lautsprecher vor dem Podium zur Solistenverstärkung). Sowohl die Besetzung als auch die Aufstellung der Interpreten (ihre Zuordnung zu den verschiedenen Orchestergruppen) wechseln in jedem Teil der Komposition.

I) Um der Unterdrückten willen

Teil I: In den Psalmtext, der in der Nachdichtung Cardenals immer konkreter in die Gegenwart transponiert erscheint, habe ich die vier

---

[1] Die 3 Solisten sollen wenn möglich aus der Gruppe der 16 Einzelstimmen heraus besetzt werden. Einführung zur Partitur (=EzP), gesondertes Material (Faks.), Ricordi Verlag, München o.J., Nachtrag

Wörter des Werktitels *(Erniedrigt, Geknechtet, Verlassen, Verachtet)* integriert, die immer wiederkehren. Diese Textschicht, die sich durch den ganzen ersten Teil in kleineren oder größeren Fragmenten hindurchzieht – in Deutsch, Englisch, Spanisch –, wird ausschließlich vom grossen Chor in homophon-vielstimmigem Satz übernommen. Es ist dies sozusagen der objektive historische Hintergrund, vor dem sich die Passion des Gießereiarbeiters Florian Knobloch vollzieht. Die Chorsätze sind – oft teilweise oder beinahe verdeckt durch die turbulenten Vorgänge im Vordergrund – untereinander fortlaufend verknüpft mittels Tonbandaufnahmen von Chor- und Sprechstimmen, deren Klanglichkeit sich mehr und mehr den Geräuschen einer Stahlgießerei annähert (Vocoderisierung). So gewinnt die objektivierende Hintergrundschicht den Charakter eines cantus firmus in passacagliaartiger Verkettung, eines cantus firmus, der allerdings fortwährend vom Ersticktwerden bedroht erscheint. (...)

Der Bericht des Gießereiarbeiters evoziert in seiner musikalischen Form eine monströse Maschinerie, realisiert durch die Aufteilung aller übrigen Ausführenden in sieben vokal-instrumentale Gruppen. Diese Gruppen «arbeiten» unter vier Dirigenten in unterschiedlichen, immer wechselnden «Arbeitstempi»: eine grausam-rücksichtslose Interdependenz, in welcher der beschwörende Ruf Knoblochs: «Glaubt mir, Leute...» unterzugehen droht.

> «In ihnen sind die Interpreten alle unfrei und einem grausamen System der Interdependenz unterworfen. Jeder muß funktionieren. Ich will nicht gerade sagen, daß es nach dem Prinzip ‹Jeder gegen jeden› geschieht. Aber tatsächlich dirigieren manchmal die Dirigenten gegeneinander. Die musikalischen Abläufe sind hier so verzahnt, daß sie einem Produktionsprozeß in einer automatisierten Fabrik gleichen.»[2]

Die «monströse Maschinerie» des Teils I setzt sich bis in die Faktur der Einzelstimme hinein fort. Der Streß, der aus Knoblochs Erzählung spricht, nimmt hier konkrete musikalische Gestalt an und überträgt sich durch die gespannte Aufführungssituation auch auf die Musiker (und das Publikum). Das lag durchaus in Hubers Absicht: «Es ist mir nicht darum gegangen, möglichst kompliziert zu schreiben. Ich wollte mit diesem System von Abhängigkeiten die Situation Knoblochs

---

[2] Interview mit dem Autor am 12. Juni 1981 in Amsterdam

ERNIEDRIGT..., Beginn von Teil I, «Um der Unterdrückten willen»: Tenorstimme mit Bericht des Gießereiarbeiters mit Einsatz der Orchestergruppe VII erfahrbar machen. Die Musiker sollten ruhig am eigenen Leib einmal erfahren, was in diesem Text passiert. Wer dann nicht bereit ist, sich mit den Inhalten auseinanderzusetzen, erlebt einen doppelten Fabrikstreß, weil er den Sinn dieser Entfremdungssituation nicht begreift.»[3]

Plötzliches Umschlagen der Aussage: Der Chor, aus dem Hintergrund tretend, übernimmt die Führung, indem er die schließliche Befreiung aller Erniedrigten verkündet. Diesem Gesang der Hoffnung schließen sich Schritt für Schritt alle Instrumente und die 16 Einzelstimmen an. Es ist dies als früh vorausgenommener Hinweis auf das hymnusartige Tutti des letzten, des siebten Teiles zu verstehen.

II) Armut, Hunger, Hunger... (Acahualinca)

Hat der erste Teil die Ausbeutung in Zentren wirtschaftlicher und industrieller Macht mit ihrer zur Neurose tendierenden Hybris zum Thema, so gilt der zweite Teil dem Überlebenskampf einer schwarzen Mutter in den Favelas Brasiliens.
Die Tagebuchaufzeichnungen von Carolina Maria de Jesus, welche die Passion der entrechteten Frau in ihrem täglichen Kampf gegen Hunger, Durst, Ungerechtigkeit, die ständige Sorge um das Überleben der Kinder festhalten, stehen hier als unnachgiebige Anklage im Vordergrund. Ich habe ihre Aussagen im brasilianischen Portugiesisch belassen. Carolina ist umgeben von vier Frauen (Altstimmen), welche ihre Anklagen kommentieren und zum größeren Teil auch ins Deutsche übersetzen.
Auf einer zweiten Ebene vollzieht sich eine objektivierend-beschreibende Nachzeichnung der Slums. Sie wird gebildet durch Ausschnitte aus einem Gedicht Cardenals, in welchem er durch die Gassen des nicaraguanischen Elendsviertels Acahualinca geht. Die Musikalisierung dieser zweiten Textschicht übernehmen wechselnde Ensembles aus Einzelstimmen.

Die Instrumente vermitteln zwischen beiden Ebenen. Ein umfangreiches Schlagzeug mit Geräuschinstrumenten wie Schrotteisen, Kochtopf, Blechkanister evoziert die Alltagsgeräusche im Elendsviertel. Extreme Lagen und Klangfarben

[3] siehe Anm. 2

herrschen vor: «Der Klangleib bleibt leer, hohl, wie sehr auch immer er sich ‹quält›», erläutert der Komponist.[4]

Huber hat beim Entwurf dieses Teils das Bild eines riesigen Klangdarms vorgeschwebt, der sich dehnt und zusammenzieht, sich windet, die Leere verdaut und Gerümpel ausspuckt[5]. Die Idee schlug sich in einer Graphik nieder, die den Ausgangspunkt für die Komposition bildet: Über einer horizontalen Zeitachse (angenommene Gesamtdauer ca. 9 Minuten) verlaufen drei unregelmäßige Sinuskurven kurzer, mittlerer und langer Wellenlänge und mit unterschiedlicher Amplitude, von denen jede die anderen mindestens einmal in der Scheitelhöhe überragt. Jeder Kurve ordnete Huber im Bereich ihrer höchsten Plus- und Minuswerte je ein gleichbleibendes semantisches Feld, teilweise als Gegensatzpaar, zu: z. B. Aggression/ Depression, Hunger, Abfall, Luft (Leere). Zu diesen aus den Texten gewonnenen semantischen Feldern entwickelte er passende Satz- und Klangtypen: Sie tauchen, entsprechend den Kurvengestalten, im Gesamtverlauf mehrfach auf, selbstverständlich in variierter und gemischter Form und je nach Scheitelhöhe der Kurve stärker oder schwächer hervortretend.

III) Gefangen, gefoltert...

Teil III exponiert die Konsequenzen einer totalen Isolation am Beispiel des schwarzen amerikanischen Strafgefangenen George Jackson. Sein Monolog, in sich hineingefressen, zwischen Aufschrei und Verstummen, wird aufgebrochen durch mehrfach durchsikkernde Bruchstücke: Fragmente einer Folterszene, fast erstickt, wie hinter Mauern, die Worte zwei Gedichten Cardenals entnommen.

Den neun Solostimmen in dieser Folterung sind stets die vier durch Kontaktmikrofone verstärkten Violoncelli beigegeben, die mit aggressiver Spielweise die Singstimmen bedrängen: die musikalische Schilderung einer Szene mit Folterern und Gefolterten. Die Kontaktmikrofone sind mit Gate-Schaltungen gekoppelt. In den Spielpausen wird sehr leise ein Tonband mit Schlagermusik hörbar als banale Begleitung zu den imaginierten Grausamkeiten. Dazu sagt Huber: «Zeugen berichten, daß

[4] EzP, S.1
[5] Interview Amsterdam

es in den deutschen KZs üblich war, Schlagermusik laufen zu lassen, wenn gefoltert wurde.»[6]

Eine dritte Schicht baut aus harten Orchesterschlägen einen unentrinnbar geschlossenen «Zeitkäfig» auf, dessen gesamtes Akkordmaterial aus der patriotischen Hymne «O say! Can you see...» abgeleitet ist. Die Orchesterschläge werden verschärft durch Schläge von Lederruten auf Rührtrommeln, Tomtoms, Pauken, Lederkissen... Solchermaßen wird nicht nur die Folterszene fragmentiert – vier Violoncelli über Gate-Schaltung attackieren Einzelstimmen –, auch die Stimme Jacksons wird rücksichtslos zerhackt, geschlagen, geschunden...

IV) Steht alle auf, auch die Toten (Die Bäuerinnen von Cuá)

Der vierte Teil bringt die Konfrontation des sich aus Unterdrückung und Finsternis erhebenden Volkes mit der brutalen Repression der Militärs. Alle Ausführenden sind in zwei Hauptgruppen aufgeteilt: Piccoloflöten, Blechbläser, präpariertes Klavier, Schlagzeuger und einige wenige Streicher bilden die massive Repressionsgruppe, welche in neun Einsätzen jegliche Entwicklung der Musik hin zu befreiendem Ausdruck brutal niedertrampelt. Alle diese Repressionsmusiken sind eingeführt durch «marschierende Truppen» auf Tonband, nach deren Tempo jene sich sklavisch auszurichten haben. Die andere Hauptgruppe erhebt sich aus fast verschütteten, stammelnd-stöhnenden Anfängen zu immer größerer Kraft der Befreiung, schließlich zum Ausbruch und zum Aufstand. Endlich schließt sie sich zu weitgeschwungenen Kantilenen der Friedenszuversicht in hohen und höchsten Lagen, in höchstem Glanz zusammen.

Die musikalische Struktur wird hier unmittelbar zum Bedeutungsträger. Die 16 Einzelstimmen, unterstützt vom kleineren Teil der Instrumente, tragen erst leise, dann immer lauter Sätze vor wie El pueblo nunca muere – Patria libre o morir (Das Volk stirbt nie – Freies Vaterland oder Tod).

[6] Mündliche Mitteilung Hubers an den Autor vom 10. Juli 1983

Zu S. 48/49: Skizzen zu ERNIEDRIGT..., Teil IV, «Steht alle auf, auch die Toten». S. 48: Einsatzabstände der Instrumente (oben) und der Stimmen mit Textverteilung und rhythmischen Motiven (unten). S. 49: Paarweise Führung von Sprechstimmen und Instrumenten

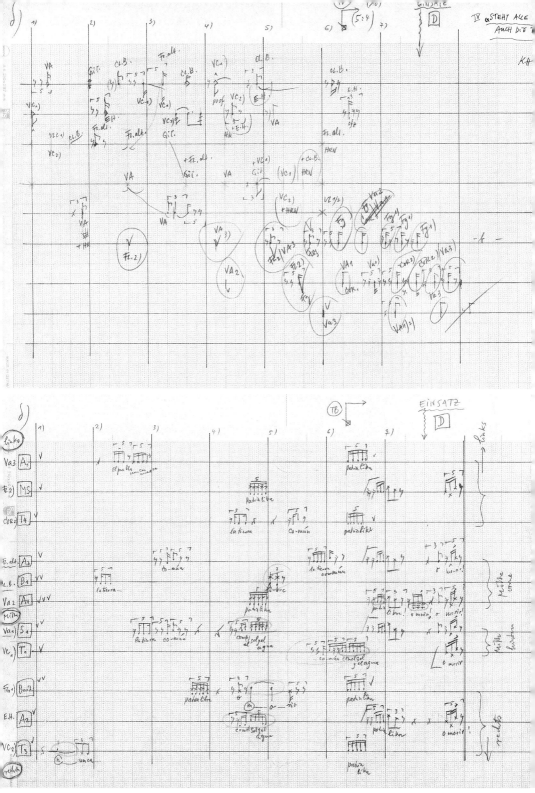

Eine dritte – wiederum die objektiv-historische – Textschicht überlagert sich den zwei Hauptgruppen: Ausschnitte aus einem Gedicht Cardenals, welches den Terror der Nationalgarde gegenüber der Landbevölkerung protokolliert. Diese Textschicht habe ich ausschließlich dem Chor vorbehalten, der gegen Ende immer mehr ins Sprechen übergeht, das hier expressive Bedeutung gewinnt.

> Zum Schluß, nach der neunten «Repression», wenn die klangliche Zerstörung und schließlich Auflösung der Geräusche «Marschierende Truppen»[7] stattgefunden hat, mündet die Chorschicht in das Tutti der Einzelstimmen und aller Instrumente. Der Teil endet mit einem in die höchsten Lagen ansteigenden Instrumentalsatz. Nach einer langen Fermate leiten ein Violinflageolett und das Subkontra-A eines heruntergestimmten Kontrabasses, die Ränder eines 7½ Oktaven umfassenden Tonraums markierend, zum Teil V, «Senfkorn», über.

V) Senfkorn

Teil V, der unmittelbar anschließt – verknüpft durch das fast unhörbare Liegenbleiben der erreichten Randtöne während einer sehr langen Fermate – ist Same/Ausgangspunkt und Ziel/Mittelpunkt der ganzen Konzeption: die utopische Prophetie einer Welt des Friedens. Sie wird verkündet durch die Stimme eines Knaben (Jesaia: «Ein kleiner Knabe wird sie führen...»)
Cardenals Nachdichtung des 36. Psalms vermeidet alles Verklärende, bringt im Gegenteil harte, konkrete Aussagen, die der Knabe spricht, nicht singt, unabhängig von einer äußerst zarten, introvertierten Musik. Ich habe diesen Teil bereits im Mai 1975 für eine kleine Kammerbesetzung komponiert und dabei ein Zitat aus J.S. Bachs Kantate Nr. 159 eingearbeitet. Zur Problematik des Zitats hier nur soviel: Ich neige nicht dazu, das historische Zitat zu demontieren, ich möchte es vielmehr uminterpretieren, sozusagen transponieren durch den konsequent auf die Gegenwart bezogenen Kontext der Musik.

---

[7] Anmerkung in der Partitur, S. 115.

50

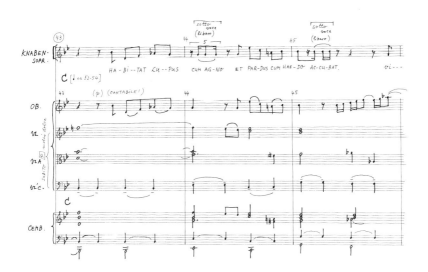

Bach-Zitat mit Kreuz-Symbolik in SENFKORN

VI) Tagesanbruch

Im sechsten Teil wird die in äußerster Ferne aufleuchtende Utopie des Friedensreiches konkret: das Erwachen des Menschen beim Anbrechen des Tages in einem Land, das mit hochgespannten Erwartungen in eine friedliche Zukunft blickt. Cardenal hat mit dem zugrundeliegenden Gedicht eine erstaunliche Nähe zu den Matutin-Dichtungen des Ambrosius erreicht, gleichzeitig aber auch einen Text geschrieben, welcher klarste politische Aufforderungen in die Bilder alltäglicher Tätigkeiten kleidet. Ich habe versucht, ein aus der Abfolge von nur drei vieltönigen Akkorden bestehendes, sich fast unvermerkt, aber kontinuierlich veränderndes, weitgespanntes Klangbild zu entwerfen, das durch die dauernd wechselnde Instrumentation, sein zartes Pulsieren in verschiedensten Zeitebenen, atmet.

Darüber sind – in einer unabhängigen Ebene, sozusagen jener der menschlichen Tätigkeiten – Geräusche, Klangtropfen, vergleichsweise konkrete «Tierrufe» wie ein Netz ausgebreitet. In dieses fluktuierende, das Erwachen evozierende Klangbild habe ich, als ein weiteres Netz, die menschlichen Stimmen hineinkomponiert, einander zurufend, integriert in den beginnenden Morgen und die morgendlichen Tätigkeiten.

Hier müßte ich erwähnen, daß die Teile IV und VI zwischen Februar und April 1979 vorauskomponiert wurden. Unterm Eindruck der grausamen Niederwerfung der Nicaraguanischen Befreiungsbewegung schrieb ich diese zwei Sätze in einer rein instrumentalen Fassung für 15 Spieler («Ich singe ein Land, das bald geboren wird»). Während Teil IV später stark überarbeitet und erweitert wurde, habe ich den sechsten Teil praktisch unverändert übernommen, mit Ausnahme der hinzukomponierten Singstimmen.

VII) Das Volk stirbt nie

In einem Ausbruch aller Kräfte verbinden sich in Teil VII Chor und Einzelstimmen zu einer hymnenartigen Prosodie. Sie skandieren in Spanisch, von Knobloch, Carolina und Jackson unterstützt, die lapidaren Sätze Cardenals: «Das Volk ist unsterblich / Lächelnd tritt es aus der Leichenhalle / Ich singe ein Land, das bald geboren wird / Das Volk stirbt nie». Über die Chorzeilen ist das gesamte Orchester in vier Gruppen ausgespannt. Insgesamt – mit Soli, Chor und Einzelstimmen – sind es also wieder sieben Gruppen wie in Teil I, hier aber – im Gegensatz zum Beginn des Werkes, wo größte Zersplitterung herrscht – zu einem starken, integrativen Ganzen vereinigt.

Jede Instrumentengruppe trägt auf ihre Art zum «Hymnus des Volkes» bei: die erste statisch-akkordisch, indem sie, als Mutterklang, das gesamte Tonmaterial eines jeden Abschnitts clusterähnlich ausspannt; die zweite durch rhythmisierte Veränderungen des jeweiligen Anfangsakkords; die dritte und wichtigste entwickelt die zugrundeliegende Intervallfolge ostinatoartig-einstimmig, etwa im Sinn eines sehr weit ausgespannten Glockenschlagens; und die vierte bringt abschnittsweise – den Chorzeilen überlagert – den Auferstehungschoral «Christ lag in Todesbanden» in einem der Bachschen Sätze als Zitat. Aus diesem Zitat habe ich das gesamte Tonhöhenmaterial des siebten Teiles entwickelt: die Auferstehungshoffnung des Chorals transponiert in unsere Gegenwart und säkularisiert im Erklingen des Glockenschlags. Dem Verlauf überlagert sich «strophig» ein doppeltes Playback des Tonbandes, welches die choralartig kreisende Tendenz dieser Musik wiederholt, fortführt und verräumlicht: «Das Volk stirbt nie».

52

Gefängnishof von Tipitapa, Nicaragua. Photogramm aus dem Film «El pueblo nunca muere» von Mathias Knauer über die Komposition ERNIEDRIGT . . . (1985)

Abschließend einige Bemerkungen zur extremen Komplexität dieser Musik und im Zusammenhang damit zur abschnittsweise variierenden Besetzung des Werkes.

Die extremste Komplexität erreicht diese Musik im ersten Teil, und zwar durch eine «Polytempik», die durch die gleichzeitige Übereinanderschichtung dauernd wechselnder unterschiedlicher Tempi entsteht. Es ist klar, daß ein derartiges kompositorisch rücksichtsloses Vorgehen mit seiner potenzierten Polyphonie der verschiedenen Zeitebenen sich auf eine (vordergründige) Textverständlichkeit negativ auswirken muß. Nun ist allerdings das Sich-Verstehen, das Verstandenwerden, gerade nicht ein Merkmal von inhumanen, hybriden Arbeitssituationen unserer industrialisierten Gesellschaft. Wie könnte demnach ein Komponist, will er konkret beim Thema bleiben, die ein- bis zweidimensionale Textverständlichkeit überhaupt anstreben wollen?

In diesen Zusammenhang gehört sicher auch die simultane Verwendung verschiedener Sprachen. Nur sehe ich in ihr keinesfalls eine künstlerische Konsequenz des «Einander nicht verstehen Könnens», sondern vielmehr die Anerkennung der kulturellen und gesellschaftlichen Identität jeder Sprache.

Nun wird aber andererseits ein dramaturgisches Konzept im Aufbau des ganzen Werkes wirksam, das sich vereinfachend so formulieren ließe: von extremer Komplexität in den Teilen I und II zu größtmöglicher Geschlossenheit in den Teilen VI und VII, oder: von potenzierter «Pseudo»-Polyphonie zu «echter», «verbindender» Polyphonie.

Huber ist es in seiner Komposition darum gegangen, eine möglichst enge Verbindung von Text und Musik herzustellen. Der Text soll nicht einfach von der Musik als etwas ihr Äußerliches an das Ohr des Hörers transportiert werden. Er soll so stark in die Musik integriert werden, daß er nicht nur von der Klangerscheinung her, sondern auch mit seinen Inhalten völlig in der musikalischen Struktur aufgeht. Das heißt andererseits, daß er diese Inhalte in die musikalische Struktur hineinträgt, sie «durchtränkt» und damit die Musik gewissermaßen zum Sprechen bringt.

Es fällt auf, daß er hauptsächlich mit der Herstellung struktureller Analogien arbeitet. Musikalische Strukturtypen werden mit der Struktur psychischer, sozialer oder geschichtlicher Vorgänge, mit der Struktur philosophischer oder religiöser Gedanken in Beziehung gebracht. Sie «bilden sie ab» und üben damit eine die Textinhalte kommentierende oder identifikationsfördernde, in jedem Fall aber objektivierende Funktion aus. Als musikalische Konfigurationen von hohem Abstraktionsgrad sind sie nie «unmittelbarer Ausdruck», sondern stets kompositionstechnisch und begrifflich auf hoher Stufe vermittelte Größen. Sie sind darum auch in der Lage, komplexe Lebenszusammenhänge zu erfassen, die im groben Raster einer wenig durchgearbeiteten Musik nicht darstellbar wären. Hubers Verfahren, Textinhalte vorwiegend auf der Ebene der Struktur in die Musik zu integrieren, lassen sich als Ansatz zur Herausbildung einer *strukturellen Semantik* in der Musik deuten. In ERNIEDRIGT – GEKNECHTET – VERLASSEN – VERACHTET... hat er ein umfangreiches Repertoire an semantisch angereicherten Strukturen und an Verfahrensweisen zu ihrer Erzeugung entwickelt. Viele dieser Elemente sind hervorgewachsen aus der Tradition der musikalischen Darstellung der Leidensgeschichte Christi. Erwähnt seien choralhafte Chorsätze, der Gestus des Schreis (der zu den komplexesten Satzgebilden führt), die auch im musikalischen Material erkennbare

Verschränkung von Leidens- und Erlösungsgedanke (Kern des utopieträchtigen «Senfkorn» ist das Motiv des Kreuzes). Das verweist auf die Tatsache, daß sich bei Huber politisches und religiöses Denken eng miteinander verbinden, daß für ihn Befreiung und Erlösung zwei Begriffe sind, die sich in ihrem Gehalt teilweise decken. Das verleiht der Komposition ihr charakteristisches Telos; das ist auch ein Grund der tiefen Geistesverwandtschaft, die ihn mit Cardenal verbindet.

ERNIEDRIGT – GEKNECHTET – VERLASSEN – VERACHTET... ist zwar Hubers bisher komplexestes Werk und betritt vom Inhalt her in mancher Hinsicht Neuland. Doch in seiner künstlerischen Entwicklung steht es nicht vereinzelt da wie ein erratischer Block. Es hat seine Vorstadien nicht nur in den erst autonom entstandenen und später in die neue Komposition übernommenen Teilen IV, V und VI, sondern auch in älteren Werken. Bestimmte Ideen und kompositorische Vorstellungen sind z.B. schon im Orchesterstück TENEBRAE (1966/67) formuliert, wenn auch in anderer Gestalt. ERNIEDRIGT – GEKNECHTET – VERLASSEN – VERACHTET... kann in mehrfacher Hinsicht als Radikalisierung des TENEBRAE-Ansatzes betrachtet werden. Erinnert TENEBRAE von ferne noch an eine «Passionsmusik ohne Text»[8] so sind im neuen Werk die Stationen und Ursachen des Leidens und die Möglichkeiten der Befreiung konkret genannt. Auch in TENEBRAE ist der Weg vom Leiden zum Widerstand auskomponiert, auch hier geht es um die Überwindung einer repressiven Situation, die musikalisch als strukturelle Gewalt in Erscheinung tritt. Satzkonfigurationen wie Gitter, Schläge und die Folter (am Kreuz) sind ebenfalls schon vorhanden, ebenso das Konzertieren in Paaren, das später, in «Steht alle auf, auch die Toten» (Teil IV), zum solidarischen Kämpfen gegen die Repressions-Maschine konkretisiert wird. Auch im Violinkonzert TEMPORA (1969/70) und im Dürer-Stück... INWENDIG VOLLER FIGUR... (1970/71) spielt die Dialektik von Verzweiflung und Hoffnung, Unterdrückung und Befreiung eine wichtige Rolle.

---

[8] Huber über «Tenebrae» in einem Gesprächskonzert in Zürich am 12. Oktober 1975, zit. nach: E. H. Flammer: Eine Analyse von Klaus Hubers Tenebrae, in Melos/ Neue Zeitschrift für Musik Jg. 4/1978, S. 295. Huber nannte damals das Werk auch «eine ganz und gar profane Auslegung des Kreuzes». (Die folgenden Ausführungen stützen sich auf Flammers Analyse.)

Das Engagement, das der Zuhörer aus einem Werk heraushört, ist stets das persönliche Engagement des Autors, der dahintersteht. Daß sich ein mitteleuropäischer Komponist heute mit den Problemen der Menschen in Lateinamerika und anderen fernen Weltregionen befaßt und sie sogar zum Gegenstand eines so umfangreichen Werks macht, ist ungewöhnlich. Erklären läßt sich das nicht nur aus der geistigen Nähe zu Cardenal. Die Motive liegen tiefer. Sie wurzeln in dem meist verdrängten Unbehagen, das einen Europäer beschleicht, wenn ihm die reale Situation der Menschen in Lateinamerika und die Rolle, die Europa dabei spielt, ins Bewußtsein gebracht wird. Als humanistisch gesinnter Künstler nimmt Huber dieses Unbehagen ernst. Über die Schwierigkeiten, die ihn befielen, als er sich entschloß, diese fremde und zugleich eigene Problematik aufzuarbeiten und mit künstlerischen Mitteln dazu Stellung zu beziehen, äußert er sich im Begleittext der Partitur. Diese persönliche Erfahrungsschicht ist vom Werk nicht zu trennen. Hubers Bilanz dieser Erfahrungen soll deshalb hier in Auszügen wiedergegeben werden.[9]

«Was mich betrifft, kann ich nur sagen, daß diese Herausforderungen so übermächtig waren, daß sie bereits in der Vorbereitungsphase, als ich versuchte, Texte zu diesem Werk zusammenzutragen, Symptome von Arbeitslähmung, ja Totstellreflexe in mir produzierten. Und jetzt noch, Monate nachdem die Arbeit an diesem Werk bewältigt ist, lähmt mir etwas die Feder, wenn ich versuche, mich über Konzept und Arbeitsprozeß zu äußern: Ich bin mir der Absurdität meiner Situation als Komponist inmitten des satten, übersatten, immer wahnsinniger nuklear aufgerüsteten Europa wohl bewußt. Diesen Grundwiderspruch mit seiner ganzen Neurose, die uns alle befällt, wenn wir uns einem solchen Thema nähern, habe ich versucht mitzukomponieren.»

[9] EzP, s. 1.

In dieser Collage wurden zwei Aufsätze nebeneinandergestellt: eine Werkeinführung von Klaus Huber sowie eine Analyse von Max Nyffeler (im Satzspiegel eingerückt). Die Einführung Hubers stammt aus dem Programmheft der Donaueschinger Musiktage '83 (S. 15); die Analyse Nyffelers erschien unter dem Titel «Klaus Huber: Erniedrigt – Geknechtet – Verlassen – Verachtet» in Melos 1/1984 (S. 17).

3 Stationen des Komponierens

K.H   ... SCHAFFENSGANG ...
                  (bis 1989)

— "JUGENDWERKE" (1952 - 56)
       u.a. PARTITA (Vc., Cemb.), 6 KLEINE VOKALISEN (Alt, Sth-trio), QUEM TERRA,
       IN MEMORIAM WILLY BURKHARD (Orgel), TE DEUM LAUDAMUS DEUTSCH,
       INVENTIONEN UND CHORAL (Orchester)

— ERSTER DURCHBRUCH (1957 - 64)
       u.a. DES ENGELS ANREDUNG AN DIE SEELE (Kammerkantate),
       ORATIO MECHTILDIS (Kammersinfonie), LITANIA INSTRUMENTALIS (Orchester),
       ZWEI SÄTZE FÜR 7 BLECHBLÄSER, AUF DIE RUHIGE NACHT-ZEIT (Kammerkantate),
       DREI SÄTZE IN 2 TEILEN (Bläserquintett), NOCTES INTELLIGIBILIS LUCIS (Oboe, Cemb.),
       MOTETI-CANTIONES (Streichquartett), SOLILOQUIA (Oratorium)

            ⟶ Erste ZÄSUR : (1964) IN TE DOMINE SPERAVI (Orgel)

— KRITISCHE SELBSTVERWIRKLICHUNG / AUFBRECHEN DER ZEITKOMPONENTE (1965 - 67)
       AUFSPRENGEN KONVENTIONELLER KLANGPRODUKTION ...
       u.a. ALVEARE VERNAT (Flöte u. 12 Solostr.), ASKESE, SABETH, PSALM OF CHRIST (Kammerkantate),
       J. JOYCE CHAMBER MUSIC (Horn, Harfe, Orch.), TENEBRAE (gr. Orchester) (auch Ballett)

            ⟶ Zweite ZÄSUR : (1968) DER MENSCH (Hölderlin) (Klavierlied)

— ERSTER AUSBRUCH / STÜCKE IN RICHTUNG ZEITKRITIK / ENGAGEMENT (1969 - 71)
       u.a. ASCENSUS (Fl., Vc., Piano), TEMPORA (Violinkonzert), INWENDIG VOLLER FIGUR (Apokalypse)
       HiOB 19 (Chor, Einzelstimmen, 9 Instr.)   (Oratorium) (auch Ballett)

            ⟶ Dritte ZÄSUR : (1972) EIN HAUCH VON UNZEIT (Flöte, Piano, variable Besetzungen)

— ZWEITER AUSBRUCH / PROZESSHAFTE WERKE / DAS OFFENE KUNSTWERK (1972 - 75)
       WORK IN PROGRESS / BÜHNENWERKE / RAUMKOMPOSITION
       u.a. AUSGESPANNT (Bariton, Instr.-Gr., TB), JOT ODER... (Opernfragment), TURNUS (Orch. +TB),
       IM PARADIES ODER DER ALTE VOM BERGE (Alfred Jarry) (Oper)

            ⟶ Vierte ZÄSUR : (1975) SENFKORN (Ernesto Cardenal)
                                    (Knabenstimme, Ob., Str.-trio, Cemb.)

— SELBSTFINDUNG UND DRITTER AUSBRUCH / GEGENSÄTZE (1975 - 82)
       DAS POLITISCHE MOMENTUM
       u.a. SCHATTENBLÄTTER (el.b., Vc, Piano), TRANSPOSITIO AD INFINITUM (Vc solo),
       ERINNERE DICH AN G... (Cb + 18 Instr.), OHNE GRENZE UND RAND (Viola + 20 Instr.),
       LAZARUS I/II (Vc + Piano), BEATI PAUPERES II (Kammerorch. + Stimmen),
       ERNIEDRIGT - GEKNECHTET - VERLASSEN - VERACHTET... (E. Cardenal u.a.) (Oratorisches Werk)
       (als Film : "EL PUEBLO NUNCA MUERE")

            ⟶ Fünfte ZÄSUR : (1983) SEHT DEN BODEN, BLUTGETRÄNKT... (14 Instrumente)

— ZUSAMMENBIEGEN DER GEGENSÄTZE / AUSBRÜCHE (1984 - ...)
       u.a. NUDO QUE ANSÍ JUNTÁIS (Teresa de Avila, Neruda) (16 Stimmen a.c.), VON ZEIT ZU ZEIT (2. Sth.qu.)
       CANTIONES DE CIRCULO GYRANTE (Hildegard von Bingen, Heinrich Böll) (oratorisches Werk),
       PROTUBERANZEN (drei kleine Stücke f. Orch., einzeln, simultan), SPES CONTRA SPEM (halbszenisches
       FRAGMENTE AUS FRÜHLING (Mezzo, VA, Piano), STREICHTRIO (in memoriam Ossip Mandelstam),   Lingual in 5 Teilen),
       LA TERRE DES HOMMES (Simone Weil) (Mezzo, Conductrice, 17 Instrumentalist.b.)

Die frühen Werke

Von Hansjörg Pauli

Im Frühjahr 1958 notierte sich Klaus Huber zuhanden der Zeitschrift der «Jeunesses Musicales»:
«Oft möchte ich mich gerne gegen das Modische in der Kunst aufwerfen. Man spricht viel vom Zeitgeist, dem großen Atem, der das gegenwärtige Leben ausmache. Doch diejenigen, die wie Robert Walser schaffen – ‹offenbar im Glauben, die Kunst sei etwas Großes› –, brauchen mehr Anstrengung, das weniger Vergängliche im weniger Zeitnahen aufzuspüren, als ihnen das Finden von wirklich originalem Neuem Sorge bereitet.»
Es liegt in der Natur der Sache, daß der Burkhard-Schüler das «weniger Vergängliche im weniger Zeitnahen» fürs erste da suchte, wo sein Lehrer es vorgefunden hatte: in der Formenwelt und im Formelschatz der barocken Epoche. Als Hubers op. 1 erschien denn auch 1953 eine stark barockisierende SONATA DA CHIESA für Violine und Orgel; als sein op. 2 kam im April 1954 eine von barockem Laufwerk durchsetzte CIACONA PER ORGANO – ein Stück, dessen herb lineares Gepräge sich ebenso deutlich Burkhardschem Einfluß verdankte, wie seine Konstruktion im Spiel mit drei- und viertönigen Motivkernen auf Bartók, das zweite Leitbild des jungen Komponisten, verwies. Und noch Hubers op. 3, eine PARTITA PER VIOLONCELLO E CEMBALO, datiert vom 5. Oktober 1954, nahm zum wenigsten in der toccatenhaften Bewegtheit des einleitenden Formteils unverkennbar auf barocke Vorstellungen Bezug.
Dann freilich ging Huber andere Wege – im Bewußtsein, daß «das weniger Vergängliche im weniger Zeitnahen» aufzuspüren nur dem gelingen kann, der sich von den Rezepten der Älteren freimacht. Im zweiten Satz der nämlichen PARTITA PER VIOLONCELLO E CEMBALO durchbrach er die forciert optimistische Gestik neobarocker Observanz und verließ zugleich, wenn auch vorderhand noch zögernd, den Boden der in Burkhardscher Manier erweiterten Tonalität. Den vierten Satz entfaltete er sozusagen probeweise aus Original, Krebs, Umkehrung und Krebsumkehrung einer Zwölftonreihe, und im fünften Satz, einem Allegro molto deciso, ließ er die neu erworbenen technischen Hilfsmittel mit neuen Formprinzipien sich verschränken, indem er den dreiteiligen Aufriß etwa der alten Ouvertüre zum nahtlosen Hin und Zurück differenzierte. (...)

Daß die frühe Partita per Violoncello e Cembalo als das entscheidende Schlüsselwerk in Hubers künstlerischer Entwicklung zu gelten hat, leidet keinen Zweifel.[1]

Zuvor bezeichnet sie den Bruch mit der Tonalität. Nicht den Verzicht auf tonale Wendungen und scheintonale Wirkungen; und auch nicht den Verzicht auf das Spiel mit tonalen Bezügen. Wohl aber den unwiderruflichen Bruch mit den tonalen Gestaltungsmitteln, den endgültigen Übergang vom tonartlich verstrebten zum reihenmäßig verfestigten Komponieren. Das will freilich nicht heißen, daß Huber sich nun einfach der orthodoxen Zwölftontechnik in die Arme geworfen hätte. Vielmehr ging er sofort daran, randständige Möglichkeiten der Dodekaphonie zu erproben. So sind die als op. 5[2] im April 1955 vollendeten Sechs kleinen Vokalisen kürzeren, nicht zwölftönigen Reihen entlang geschrieben – darin vielleicht Strawinskys «Epitaph» für Dylan Thomas vergleichbar. So ist das Orgelstück, das Huber als op. 7 im Oktober des nämlichen Jahres auf den Tod von Willy Burkhard schuf, einem in reihenähnlicher Manier entwickelten modalen Thema verpflichtet – darin vielleicht Henzes «Sonata per archi» verwandt. Und so sind schließlich auch seine jüngeren Werke vom op. 15 an aufwärts nicht Zwölftonstücke im landläufigen Sinn, wiewohl sie ausnahmslos auf zwölftönigen Serien fußen. Denn nicht selten treten diese Serien gar nicht mehr als feststehende thematisierte Gestalten nach Schönbergschem Muster in Erscheinung, sondern bleiben gleichsam ungreifbar, in stetiger Verwandlung begriffen, oder aber sie verfächern sich, spalten sich auf in Segmente, die in eigener Regie zu fungieren beginnen, in eigener Regie Motive und Themen prägen und häufig ihrerseits aufgrund von Permutationen und Rotationen kaleidoskopischen Veränderungen unterliegen.

Weiter bezeichnet die frühe Partita den Beginn von Hubers Bemühungen um differenziertere, im besonderen kreisartig geschlossene Formverläufe. Auch das ein bedeutsamer Aspekt; denn zentrisymmetrische Strukturen, musikalisch unmittelbar sinnvolle zentrisymmetrische Strukturen trachtete Huber ebenfalls etwa vom op. 15 an aufwärts immer und immer wieder zu bewältigen: in den beiden Kammerkantaten, im Bläserquintett, im Mittelteil seines

---

[1] Als «Scharnierwerke» betrachtet Huber heute vor allem die Sechs kleinen Vokalisen, Des Engels Anredung an die Seele und Oratio Mechthildis (Anm. d. Hrsg.).
[2] Von der Numerierung mit Opuszahlen, die er bei seinen frühen Werken vornahm, rückte Huber später ab. (Anm. d. Hrsg.)

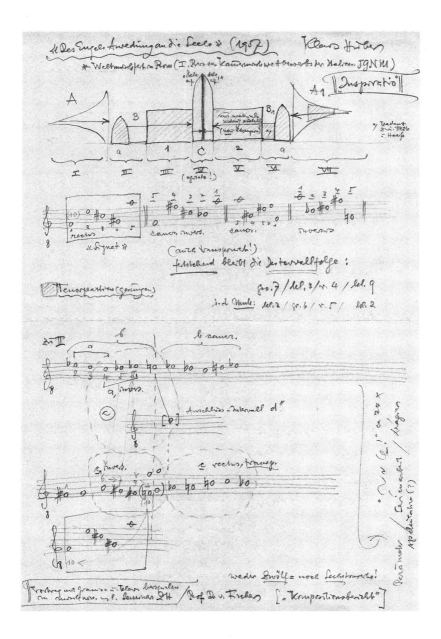

DES ENGELS ANREDUNG AN DIE SEELE (1957), analytische Skizze von Klaus Hubers
Vater, Walter Simon Huber

61

Augustinus-Oratoriums, in den Noctes für Oboe und Cembalo – vor allen Dingen aber in den vom 17. April 1958 datierten Zwei Sätzen für sieben Blechbläser: zwei Sätzen, deren je drei Abschnitte konzentrischen Kreisen gleich ineinandergelegt sind, und die sich obendrein zueinander ungefähr wie Positiv und Negativ einer photographischen Platte verhalten.

Endlich konstituierte sich in Hubers früher Partita das, was man heute des Komponisten Vokabular heißen darf – ein vergleichsweise präzis benennbares Vokabular übrigens. Huber zeigt eine auffällige Vorliebe für enge Intervalle, Sekunden und Terzen, die er bald in kleinen Notenwerten repetiert, sie gleichsam flattern läßt – ein Ausdrucksmittel, das die Wiener Schule früh schon bereitgestellt hat –, bald im Sinne etwa des mittleren Ricercars aus Strawinskys «Cantata» zu drehenden Figuren zusammenfügt. Septimen und Nonen, deren Spannweite hie und da skalenmäßig aufschießende melodische Gebilde zu unterstreichen suchen, setzen in seiner Motivik wesentliche Akzente und beherrschen vielfach auch das Klangbild – wobei allerdings sofort ergänzt werden muß, daß die vertikalen Momente von Hubers Musik sich kaum so ohne weiteres auf einen Nenner bringen lassen. Denn diese Musik kennt einerseits im Zusammenspiel dicht ineinandergezwirnter Tonfolgen neuartig heterophone Wirkungen, erobert sich andrerseits aber die extremen Lagen oft genug auf dem Umweg über reine Oktavverdoppelungen. In ihrem rhythmischen Habitus spiegelt sich des Komponisten Sinn für Veränderung und Verwandlung: Kaum je wiederholt er, ohne zu variieren; wo er rhythmische Konstellationen über mehrere Takte hinweg festhält, dienen sie mit Sicherheit der Charakterisierung einer Form.

Ähnliches gilt nun natürlich insgesamt für die besten schöpferischen Kräfte von Hubers Generation. Alles in allem darf man denn wohl auch behaupten, Grammatik, Syntax und Vokabular von Hubers reiferem Schaffen wiesen von einigen untergeordneten Einzelheiten abgesehen in jene Richtung, in der nach Grammatik, Syntax und Vokabular das Schaffen der internationalen Avantgarde angesiedelt sei.

Stilistisch indessen steht Hubers Werk vollkommen quer zur neuesten Entwicklung.

Seit jenen ersten Versuchen in der frühen Partita per Violoncello e Cembalo hat Hubers Musik sich mehr und mehr in sich zurückgezogen, abgekapselt (wenn man so sagen kann). Sie klingt heute restlos kon-zentriert. Dramatik kennt sie nur als Innenspannung. Sie meidet alles Laute, äußerlich Gebärdenhafte und Gestische; sie meidet jeglichen Überschwang. Sie ist selten explizit – und dennoch eignet ihr zuweilen cinc Insistenz, die wenig Sanftmütiges an sich hat und deren Einfluß sich zu entziehen schwerfällt. Wagen wir die Formulierung – klaren Sinnes, wenn auch voller Angst vor dem, was sie mitmeint: Hubers reiferes Werk ist ein Alterswerk. Ein Alterswerk, das an den letzten Webern, den letzten Strawinsky erinnert. (...)

Im Grunde gehört Klaus Hubers Werk der Domäne des Religiösen zu. Gälte es, das handfest zu belegen, es genügte ein Hinweis auf die Texte, die Huber bisher komponiert hat. Neben dem Marienhymnus «Quem terra» des Venantius Fortunatus steht da das «Te Deum Laudamus» in der deutschen Übertragung der Wiedertäufer Michael Weiße und Thomas Müntzer; neben drei Versen der Mechthild von Magdeburg der 136. Psalm; neben Johann Georg Albinis «Englischer Anredung an die Seele» und Catharina Regina von Greiffenbergs Gesang «Auf die ruhige Nacht-Zeit» das weit ausholende Gebet, das Aurelius Augustinus dem ersten Buch seiner «Soliloquia» vorangestellt hat. Ein Hinweis auf eben diese Texte verriete dann wohl auch, daß in Hubers Fall der Begriff des Religiösen ebensowenig im eingeengten Sinne des Geistlichen, des konfessionell Verpflichteten, Dogmentreuen, womöglich Liturgischen verstanden werden darf wie im Falle jenes zweiten großen Komponisten, dessen Schaffen wesentlich dem religiösen Bereich verhaftet ist und der dennoch im Ernst neue Musik schreibt: des Franzosen Olivier Messiaen.

Messiaen und Huber – die Gegenüberstellung mag befremdlich erscheinen. Und doch hat sie ihr Gutes. Denn beider Stücke sind ästhetische Objekte erst in zweiter Linie; beider Stücke weigern sich im letzten bloß ästhetischer Bewertung, wenn sie auch schärfste ästhetische Bewertung keineswegs zu scheuen brauchen. Beider Stücke sind zuvor gottbezogen, meinen zuvor Gott. Nur daß Messiaen die Begegnung mit Gott in Töne umzusetzen sucht, während Huber weniger will und zugleich mehr: Seine Musik baut den Raum, in dem die Begegnung mit Gott statthaben kann – baut den Raum und stiftet die Stille.

Aus «Porträt Klaus Huber», einer Sendung von Hansjörg Pauli im Bayerischen Rundfunk, 1962.

Soliloquia

Etwa 1952 stieß ich zufällig auf die Reproduktion eines südfranzösischen mittelalterlichen Tafelbildes, die Krönung Mariae so darstellend, daß gleichzeitig eine Anschauung des frühchristlichen «Weltbildes» – mit Golgatha in der Mitte der Erde, zu beiden Seiten Rom und Jerusalem, die Hölle unter dem Erdboden und, darüber aufsteigend, den sieben himmlischen Hierarchien – gegeben wurde. Sofort danach begann ich mit höchster Begeisterung Augustinus zu lesen. Von seinen «Bekenntnissen» kam ich zum «Gottesstaat» (der geistigen Grundlage jener und aller mittelalterlichen Welt-Anschauung) und schließlich zu dem ebenso demütigen wie großartigen Gebet im ersten Buche seiner SOLILOQUIA, welches Anrufung, Lobpreisung und Bitte in sich vereinigt und darüber hinaus in einer Vision, die ihresgleichen sucht, den ganzen Kosmos einbezieht.

Mich fesselte sowohl diese Vision einer vollkommen im Geistigen zentrierten Welt als auch die große Schönheit des Textes in solchem Maße, daß ich versuchen mußte, diesen Text einer einigermaßen entsprechend dimensionierten Komposition zugrunde zu legen.

Das Gebet zeigt keinen äußeren Ablauf. Es erhebt sich sozusagen in der Form einer Spirale, wobei dieselben Inhalte in neuem Gewande wiederkehren.

Ich habe nun versucht, in der Konzentrierung und Gliederung des Textes und schließlich in der Komposition selbst diesen geistigen Vorgang zu verdeutlichen: einerseits durch Polarisierung der Teile, andererseits durch fortwährende Umwandlung des sich Gleichenden. So mußte ich einen dreigliedrigen Zyklus[1] planen, dessen erster Teil in der Anrufung, dessen zweiter in der Lobpreisung und dessen dritter in der Bitte seinen Kern fände. Die SOLILOQUIA erscheinen daher – sowohl im Großen wie im Kleinen – gleichsam in der Form konzentrischer Ringe geordnet.

Eine kurze, kammermusikalische «Intonatio» (I) ist dem Werk vorangestellt. Der erste Hauptteil hebt mit der «Invocatio» (II) an, einer siebenmaligen Anrufung des Weltschöpfers («Deus»), die sich mit der siebenfachen Anredung des Vaters («pater») verschränkt und in das «Te invoco» einmündet (als eine offene, in zwei Ebenen gesteigerte Form – es alternieren die Solisten mit den beiden Chören –, welche in einer konzentrischen Bogenform endet).

---

[1] Der dritte Teil wurde nie komponiert. (Anm. d. Hrsg.)

Der nächste Abschnitt (III) «Deus veritas» («Gott ist Wahrheit») ist eine meditative Schauung Gottes, die unverhüllt und stark in der dreifachen Erscheinung jeder göttlichen Eigenschaft ruht. III ist als Gegen-Satz zu II konzipiert, statisch, in möglichst transparentem klanglichem Gewande: Während der große Chor allein auf die Zeilenschlüsse hin und im Pianpianissimo erscheint, tragen ein differenziertes Instrumentarium und die drei Solomännerstimmen (zu welchen der Soloalt hinzutritt) die musikalische Entfaltung.

«Cuius Regnum» (IV) ist als Mitte des ersten Hauptteiles gedacht. Der Abschnitt ist von äußerster Kürze und bildet einen neuen Gegenpol zu III, indem er gleichzeitig auf II zurück- und auf den zweiten Hauptteil vorausweist (beide Chöre und Solisten alternierend, gesamtes Instrumentarium).

«Sancte deus» (V), ein in sich ruhender Abschnitt, ist in mancher Beziehung verwandt mit III. Die Unabhängigkeit polyphoner Strukturen ist hier am weitesten vorangetrieben. Zwischen diese polymorphen Partien breiten sich – gleich Klangfächern – die fünf «Sancti». Der Satz mündet in den Schrei «Te deprecor» (5 Solisten) und beruhigt sich in den Lineaturen beider Chöre: «Adveni mihi propitius».

«Exclamatio» (VI) zeigt verwandte Züge mit II und IV. Die Anrufung, mit welcher hier der Solobaß allein anhebt, bricht aus der Leere ins Hymnische durch. Die Form steigert sich durch scharf kontrastierende «stehende» Klänge, die sich gegeneinander aufbauen. Auch die dynamischen Gegensätze erscheinen verschärft und erweitern den Raumklang, etwa in Richtung des «Halles». Der Abschnitt endet in einer Steigerung, die sich – hierin ähnlich Abschnitt (4) – aus der Überlagerung verschiedener zeitlicher Progressionen ergibt.

In «Cuius legibus rotantur poli» («Nach dessen Gesetzen die Pole sich drehen») (VII), dem zweiten Hauptteil des Zyklus, erreicht das Gebet des Augustinus seinen gewaltigen hymnischen Höhepunkt in einer stufenweisen Lobpreisung des Alls. So wie die Musik dieses Teils das «Herzstück» sein will – in sich selbst auf eine «innerste Mitte» hin geordnet –, so habe ich versucht, die Ausrichtung auf die Mitte hin in Augustins Worten selbst deutlich werden zu lassen: durch rückläufige Anordnung des Textes und die (zusätzliche) Interpolation von «Deus de Deo – Deus – Deus de Deo». In der Komposition suchte ich das ganze Klangspektrum (soweit es durch das menschliche Ohr faßbar und durch das Instrumentarium eines Orchesters darstellbar ist!) in die Strukturbildung einzubeziehen, was mich zur Bildung kreisender oder in der Spirale sequenzierender

Ausschnitt aus der Partitur von SOLILOQUIA

Strukturen führte. Aus dem Gesamtbau ergibt sich eine Zunahme der Dichte auf das Zentrum, die «Culminatio», hin.

Ich möchte ganz zu meiner Überzeugung stehen, daß die SOLILO-QUIA als ein im großen dreiteilig konzipiertes Gesamtwerk einen *offenen* Zyklus bilden, dessen Teile (auch nach Vollendung des Ganzen) einzeln oder zu zweit aufgeführt werden können. Obwohl es sich bei SOLILOQUIA keineswegs um ein «work in progress» handelt, ein Werk also, das unter der Hand des Komponisten in dessen Vorstellung zusehends anwächst – sowohl die Gesamtkonzeption wie die Ausmaße des Werkes waren mir mit Beginn der Kompositionsarbeit 1959 durchaus bewußt –, muß ich betonen, daß die Auffassung des Oratoriums als ein geschlossener, unteilbarer Zyklus diesem Werk ebensowenig gerecht werden kann.

Die Anlage als «Werk-Gruppe», deren einzelne Teile eine gewisse Selbständigkeit beanspruchen dürfen, ist für die SOLILOQUIA auch vom Text her gerechtfertigt. Nicht zuletzt ist es der statische Hauptzug des Werkzyklus, der mir diese formale Idee nahebringen mußte. Es liegt mir fern, den Hörer durch die Aufführung eines oder zweier Teile in irgendeiner Weise irritieren zu wollen. Viel eher glaube ich, daß mit meiner Musik die «Absolutheit eines unteilbaren Werkes», das sozusagen auf einen Sockel erhoben wird, unvereinbar ist. Die drei Hauptteile dieses Zyklus – einzeln oder zu zweien oder vereint – mögen, so wünsche ich mir, etwas von dem ohnehin unwirklich-unfaßlichen geistigen «Gegenstand» meiner Musik, der also auch nicht monumental aufgefaßt werden kann, zum Anklingen zu bringen. Transzendierende «Inhalte» lassen sich nicht zu geschlossenen Zyklen binden.

Vier verschiedene und sich teilweise überlappende Einführungstexte Klaus Hubers zu SOLILOQUIA aus den Jahren 1962 und 1964 wurden hier zu einem Text zusammengezogen.

Zweites Streichquartett, ... von Zeit zu Zeit ...

Von Reinhard Oehlschlägel

Der Titel klingt eher beiläufig: ... VON ZEIT ZU ZEIT ... Die Redewendung ist gebräuchlich für wiederkehrende Vorgänge, deren Wiederkehr nicht gerade täglich oder häufig und auch nicht mit der Regelmäßigkeit eines Wochentags oder eines Kalenderdatums erfolgt. Anders als der berühmte Titel eines Aufsatzes von Karlheinz Stockhausen («... wie die Zeit vergeht...») meint aber Hubers Titel ... VON ZEIT ZU ZEIT ... nicht Zeitablauf und -systematik, sondern Wiederkehr, doch alles andere als eine wörtliche. Überschrieben hat Klaus Huber mit diesem Titel sein 1984 und 1985 entstandenes 2. Streichquartett. Es ist einsätzig, doch aus zehn Abschnitten gebildet, die der Komponist mit «Sequenz» – Folge – bezeichnet, numeriert von eins bis zehn. Gut zwanzig Minuten dauerte das Stück bei seiner Uraufführung bei den 14. Internationalen «Rencontres» im lothringischen Metz im November 1985. Notiert ist es auf 32 Seiten in knapp 200 Takten einer Partitur gängigen Formats. Kein großes, kein langes Stück also, Alban Bergs «Lyrische Suite», Ligetis Quartett von 1968, Nonos «Fragmente – Stille», und mehr noch Helmut Lachenmanns «Al gran Torso» und Morton Feldmans 1. und 2. Streichquartett sind wesentlich, ja bis zu zehnmal längere Kompositionen. Ursprünglich hatte auch Klaus Huber an ein größeres, mehrsätziges Werk gedacht. (...) Doch schon seit August, seit dem Schlußdatum der Partitur, steht fest, daß das Stück einsätzig bleibt, eine Folge von aufeinander bezogenen und auseinander abgeleiteten Abschnitten, eine im Prinzip offene Folge, in der Abschnitt für Abschnitt neue Aspekte die vorher exponierten Konstellationen verändern, unterbrechen, auflösen und neu konstituieren; eine zugleich paradoxerweise strenge *und* außerordentlich flexible Komposition.

Im Gespräch deutet der Komponist zwei Grundprinzipien seiner Arbeitsweise an: eine wellenförmige und eine strahlenförmige Anordnung von Klangereignissen in der Großform. Wellenförmig ist vielfach die Formung einzelner Klanggruppen, Klangfelder etwa von Tremoli, Trillern oder rhythmisch akzentuierten Klängen. Strahlenförmig: Von einem Zentrum außerhalb der Zeitebene auf diese projizierte Linien, Strahlen organisieren die Großform, den Verlauf der formalen Wechsel – zu Beginn in größeren, allmählich aber engeren Abständen, die sich später wieder vergrößern. Für das Hören, das Wahrnehmen, das Verstehen von Hubers Streichquartett sind diese Prinzipien eher unauffällig wirksam. Beim ersten wie beim wiederholten Hören sind mir vielmehr bestimmte wiederkehrende Elemente aufgefallen: bestimmte Tonhöhen gleich zu Beginn wie der sehr hohe vierteltönige Schwebungston, ein Doppelflageolett der Viola im vierfachen Pianissimo, ein e''', das unbeweglich, außerhalb jeder Zählung und Messung den Anfang des Stücks artikuliert wie ein Thema für alles Folgende. (...)[1]

---

[1] Die folgenden Abschnitte gehen im einzelnen auf die zehn Sequenzen ein. (Anm. d. Hrsg.). S. 70 unten: Notation des Doppelflageoletts e'''.

Zu S. 69: Aus den ersten Skizzen zum 2. Streichquartett (1984)

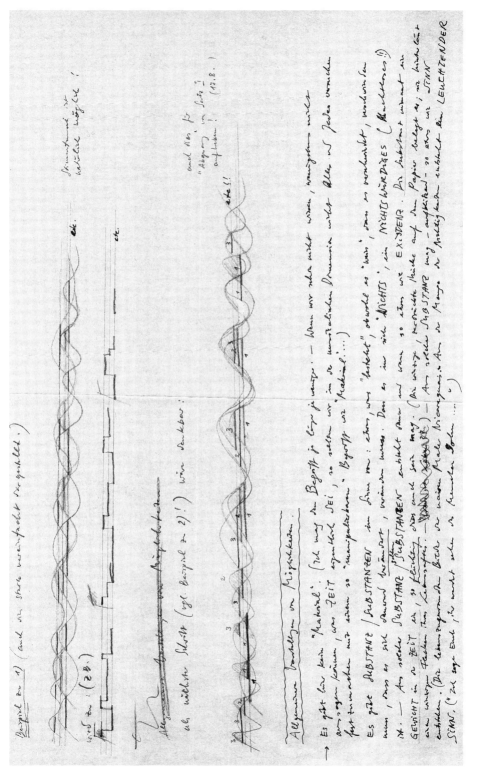

Beispiel zu 1) (und die stärkeren vereinfacht dargestellt.)

Symmetrien etc. weitere möglich!

etc.

und zu: (z.B.)

Allgemeine ... von Hörpunkten

als möglicher Schluss (vgl. Beispiel zu 2)!) wäre denkbar:

etc.

auch Neu-Einsatz von Sätzen ? aufzuheben! (17.8.)

etc.!!

Allgemeine Vorstellungen von Hörpunkten.

→ Es gibt bei mir kein "Material". ...

Es gibt SUBSTANZ / SUBSTANZEN im Sinn von ...

...von Zeit zu Zeit... ist in Formanlage und Detailausarbeitung außerordentlich vielgestaltig, wobei die typischen Klangphänomene auseinander entwickelt sind, vielfach durch momentane Vorausnahmen vorbereitet; ein Stück reiner Kammermusik, vergleichbar den besten Arbeiten etwa von Nono oder Lachenmann. Dabei stehen sich immer wieder sehr langsame und sehr schnelle, sehr leise und sehr laute, sehr tonhafte und sehr geräuschhafte Klänge schroff gegenüber. Mittlere, gemischte Zustände sind dagegen eher selten, nur übergangsweise benutzt worden. Huber nennt das Stück ein sehr subjektives und privates Stück, entstanden vor und während der Ausarbeitung des für die Stadt Köln komponierten oratorischen Stücks Cantiones di circulo gyrante u. a. auf einen Text von Heinrich Böll. Und es ist in gewisser Weise ein Gegenstück zu den großen oratorischen und musikdramatischen Arbeiten Hubers wie ...inwendig voller Figur... und Erniedrigt – Geknechtet – Verlassen – Verachtet ... Ein Stück auch, das sich noch weniger für Rundfunkübertragungen eignet und noch mehr auf das Konzerterlebnis selbst angewiesen ist als die meisten früheren Arbeiten Hubers. Unmittelbar nach der Metzer Uraufführung ist es vom Berner Streichquartett, für das es geschrieben ist, noch zweimal neben Beethoven in eher üblichem Kammerkonzertrahmen gespielt worden – trotz seiner immensen Schwierigkeiten des Spielens und des Hörens mit achtbarem Erfolg. Wie viele der differenzierteren Quartettkompositionen aus unserer Zeit wird es alles andere als ein Erfolgsstück werden können. Doch gehört es zu Hubers besten Arbeiten überhaupt.

Aus einem aktuellen Werkkommentar von Reinhard Oehlschlägel im Deutschlandfunk Köln vom 22. Januar 1986

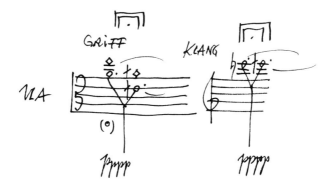

Cantiones de Circulo Gyrante

Gesänge vom unablässigen Kreisen (... vom irrenden Kreisen ...)
auf Texte von Hildegard von Bingen und Heinrich Böll, für eine
Chorgruppe, zwei Ensemblegruppen und fünf Einzelspieler (1985)

Um mit einer heutigen Komposition den architektonisch-akusti-
schen Raum einer der großen romanischen Kirchen sozusagen neu
zu betreten, schien es mir notwendig, nicht nur der Zeit der romanischen Hochblüte Kölns zu gedenken, sondern auch jener, die den
buchstäblichen Untergang dieser Kirchen und dieser Stadt herbeige-
führt hat.
In den Visionen der Hildegard von Bingen («Wisse die Wege...»)
fand ich lateinische Texte, die das Heilsgeschehen christlicher Hoffnung von der Weltenschöpfung bis weit über die Dämonie apokalyp-
tischer Untergänge hinaus in einem gewaltigen Bogen (oder Kreis,
wie sie sagt) ausspannen. Texte von außerordentlicher Aussage- und
Bildkraft.
Als polare Ergänzung schrieb Heinrich Böll Gedichte, die den
Untergang der Stadt in Schutt, Asche und Staub beschwören und die
Urheber der Katastrophe denunzieren. «...Verborgen im Speck
ihrer Feigheit die Verkünder tausendjährigen Heils...» Den
enigmatischen Titel – er stammt aus einer der Visionen Hildegards –
habe ich gesetzt, um die unentwirrbare Verwobenheit vom Kreisen
der Zerstörung und jenem anderen Kreisen anzudeuten, welches die
menschliche Hoffnung nie untergehen läßt.
Da ein monumentaler romanischer Kirchenraum akustische Bedingungen schafft, die – auch ohne elektroakustische Mittel – in jeder
Hinsicht einzigartig sind, möchte ich als Komponist die alten und
immer noch so neuen Dimensionen ausloten durch eine räumliche
Konzeption der Musik, welche genau auf die Textinhalte Hildegards
und Heinrich Bölls einzugehen trachtet. Die Ausübenden musizieren in einer größeren und zwei kleinen Gruppen und auch einzeln an
acht voneinander getrennten Orten im ganzen Kirchenraum.

Zu S. 72/73: Grundriß-Skizze der romanischen Kirche St.Maria im Kapitol in Köln,
dem Ort der Uraufführung von CANTIONES..., mit der Aufstellung der Musiker im
Kirchenraum (S.72). Auszug aus dem Text von Heinrich Böll (Autograph) und ein
Brief Bölls an Huber (S.73). Die vollständige Passage über das Gold lautet: «Gold,
mobiler als Boden/haltbarer als Blut/an welchen Börsen/wird es heute/zu welchem
Unzenwert gehandelt.»

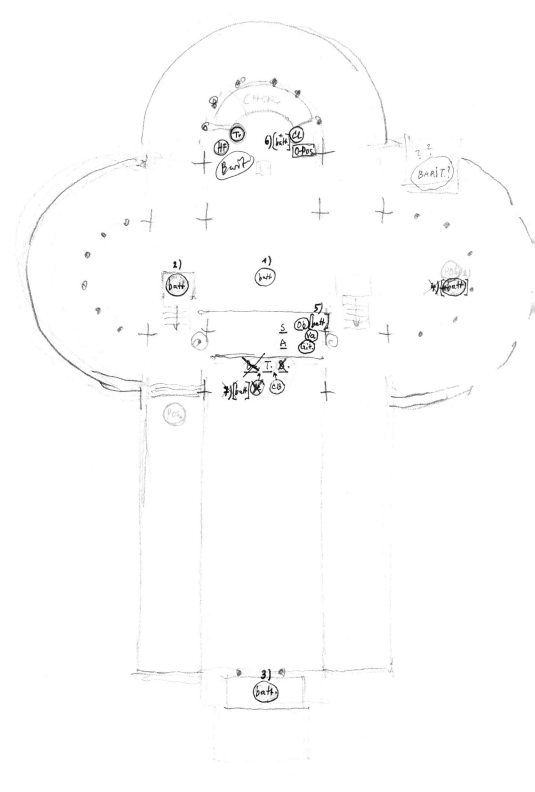

HEINRICH BÖLL

Postadresse:an den Mülheck 19
5165 Hurtenwald Grossrau
Telefon(Sekretärin) ☎2429/7745
Privat(wieder a 1. Juli ☎2422/6555
(augenärzlich)

Lieber Klaus Huber,

das Damoklesschwert ist noch nicht abgefallen(die so Kanäle und
so schreckliche Geschichte,von der ich Innen sprach) --nur
müssen ich die letzten Korrekturen an meinem Human
beenden können.Jetzt hatte ich erst Zeit,mir Ihre Textbear-
beitung anzusehen:sie entspricht der neuen sehr Vokali-und
Musikalisierung des Textes,und ich er läre mich ein verstän-
dei:die"Abgeredeten" Wiederholungen sind wohl so stärker
als wenn der Text unbearbeitet ...

Nur auf Seite 2 oben in der 3 Zeile scheint mit das Wort
Kampf vor Unermesslichkeit des Staubs zu fehlen,und v ... ...
wären hier auch Salsyp us und Herakles ein ... ...
Und am Schluss könnte vielleicht die zweite enden Zeilen
Gold

mobiler als Boden
... er als Blut --noch einmal wieder erlt werden,jetzt ...
  --im Zusammenang mit letzten Studien für meinen Roman ist
mir klar geworden,welches"Gewicht" das Gold im Frieg--auch
zwischen "Schweiz und Deutschland gespielt hat

Können Sie diese kleinen Änderungen e widerr?Meins nicht
eht,wäre es auch gut;die Vokalität ist so sehr stark

Immer noch unter Damoklesdr ung
herzlich,glücklich,Sie kennen gelernt zu aben
Ihr alter

Henrich Böll ... ...
mein Frau

I

Versunken die Stadt
unter verstummelten Türmen
zerstrobten ihre
romanischen Herzkammern
die ernste und frühe
Vielfalt des Grau
entvölkert ihre Gemeinden

Die Stadt
nur noch wenigen Wohnsatt
krochen aus ihren Löchern
auch die Deserteure
aus Schutt und die Asche
in den Schutt und die Asche
friedloser Friedhöfe

Unbeschützt
in Wind und Wetter
hing unter freiem Himmel
der Gekreuzigte
in St Georgs Ruinen

einzige Überzeugung
der riesige Dreieinige
wilhelminische Täuschung
vergeblic der Wacht am Rhein
...
wies er immer noch hinweg
über die romanischen Herzkammern
zerstört der Boden
gergossen das Blut
leer das proletarische Herz der Stadt
apathisch von Harm und Hunger
...rmliche Kerzen vor verschütteten Madonnen

Verborgen im Speck ihrer Feigheit
die Verächter der
tausendjährigen Heils
woge das Zehngold der Ermordeten
Gold
mobiler als Boden
haltbarer als Blut

Auszüge aus dem Text der Hildegard von Bingen

Vom Osten kreist das Licht zum Norden, vom Norden zum Westen, vom Westen zum Süden und kehrt dann zum Osten zurück, zu dem Leuchtenden, der auf dem Throne sitzt. Ohne Ende ist sein Kreisen. So umkreisen und umfassen die Macht und das Werk Gottes jegliches Geschöpf.

Wenn dieser Kreislauf der höchsten Macht, das Werk Gottes, in der von Gott bestimmten Zeit in den Menschen und in der Welt vollendet ist, dann wird auch diese Welt aufhören zu kreisen. Dann ist das Ende der Zeit, der Jüngste Tag. Dann erstrahlen alle Werke Gottes in seinen Auserwählten. Alles ist vollendet. Der auf dem Throne sitzt, hat kein Ende.

Wenn so das Gericht vollendet ist, hört das schreckliche Wüten der Elemente, der Blitze, Donner und Stürme auf. Alles, was hinfällig und vergänglich ist, zerrinnt. Es wird fürder nicht mehr erscheinen, wie der Schnee zu sein aufhört, wenn er von der Glut der Sonne aufgelöst ist.

Alsdann sah ich eine von Licht ganz durchglänzte Luft. Aus ihr tönten mir wundersam, gemäß all den Sinnbildern, die ich bisher geschaut hatte, mannigfaltige Klänge entgegen. Und jener Schall, der wie die Stimme einer großen Menge in harmonischem Einklang das Lob der Himmelsbewohner kündete, erklang also:
O Stein, du sprühest vom Licht,
vom klaren Glanz der Sonne,
die dich durchflutet,
der Sonne, die dem Herzen des Vaters entquillt.
Dies Wort hat, Vater, aus Dir den Menschen gebildet.
Darum bist du, o Jungfrau, das leuchtende Sein,
daraus das Wort, das göttliche, die Gotteskräfte hauchte,
wie aus dem Urschoß führte es ins Sein
die ganze Kreatur.
Von der Tiefe bis hoch zu den Sternen
überflutet die Liebe das All.
Sie ist liebend zugetan allem,
da sie dem König, dem Höchsten,
den Friedenskuß gab.

Zu S. 75: Ausschnitt aus CANTIONES... mit dem Text von Hildegard von Bingen

CANTICUM I

« VIDI QUASI MONTEM MAGNUM ... »

Wagner in uns

Klaus Huber über SPES CONTRA SPEM und den Versuch, Wagner zu überwinden

SPES CONTRA SPEM ist der Titel einer rund einstündigen Komposition für Sänger, Schauspieler und großes Orchester, an der Klaus Huber 1986 zu arbeiten begann und die am 22. März 1989 in Düsseldorf unter der Leitung von Eberhard Kloke und in der Regie von Werner Schröter uraufgeführt wurde. Im ersten Teil des szenischen Konzerts erklangen Ausschnitte aus Wagners Werken. SPES CONTRA SPEM, ein Auftrag der Bochumer Sinfoniker und des Landes Nordrhein-West-falen, wurde kurz darauf auch in Bochum, Köln und bei den Wiener Festwochen gespielt. Das Stück dokumentiert die Auseinandersetzung Hubers mit Denken und Musik von Richard Wagner, einem Künstler, der alle Strömungen seiner Zeit in sich aufgenommen hat und dessen langer Schatten bis weit ins 20. Jahrhundert hineinreicht. Einerseits Wagner, der moderne bürgerliche Künstler par excellence, der brillante Diagnostiker der «europäischen Krankheit» der Décadence und zugleich ihr Hohepriester – andererseits Huber, der kritische Komponist und Protestant, der im christlichen und sozialistischen Gedankengut positive Ansätze zur Überwindung dieser Krankheit sieht: zwei Weltbilder, die sich unversöhnlich gegenüberstehen. Davon handelt das folgende Gespräch. Es ist die überarbeitete Fassung eines Gesprächs, das Max Nyffeler am 12. Juli 1989 in Kirchhofen mit Klaus Huber führte und das am 27. Juli, zur Eröffnung der Bayreuther Festspiele 1989, im 2. Programm des Deutschschweizer Radios erstmals gesendet wurde.

Von Paul Celan stammt das Wort: «Der Tod ist ein Meister aus Deutschland.» Celan wird im Programmheft der Uraufführung von SPES CONTRA SPEM *zitiert, im Stück aber nicht direkt vertont. Wagner erscheint in Ihrer Komposition auch als ein besonderer Meister aus Deutschland – ein Meister in der Schilderung von Tod und Zerstörung. Was hat Sie dazu bewogen, Wagner in dieser Weise darzustellen?*

Klaus Huber: Für mich war Wagner immer ein riesiges Problem – durch den Anspruch dieser Kunst, ein ganzes Jahrhundert zu bewältigen oder sogar anzuführen und möglicherweise diesem Jahrhundert seinen Sinn zu geben. Dahinter steht ja nicht nur die gewaltige

Anmaßung des Künstlers, der sein Gesamtkunstwerk schuf, sondern vor allem des Ideologen. Dieses Ideologische hat mich in gewisser Weise nicht nur umgetrieben, sondern auch zeitweise umgebracht.

Sie situieren Wagner in seiner Zeit, auch in den ganzen Widersprüchen seiner Zeit. Er wird als Komponist der Gründerjahre, des Kaiserreichs dargestellt. Der Kaisermarsch, eine der unverschämtaffirmativsten Kompositionen Wagners, wird u.a. zitiert. Auf der Textebene gibt es einige hübsche Zitate: «Mache Dir klar, mein Bester, die einzig wahre Zukunftsmusik ist schließlich doch Krupps Orchester» (Georg Herwegh an Richard Wagner 1873). Der ästhetische Anspruch Wagners wird hier an der politisch-wirtschaftlichen Wirklichkeit gemessen. Oder Nietzsches ironischer Reim: «Mir behagt an Wagner, was mir an Schopenhauer behagt, die ethische Luft, der faustische Duft, Kreuz, Tod und Gruft etc.» Ist Wagner für Sie ausschließlich der Komponist des stabilisierten Deutschen Reichs, der mit seiner Musik Macht verkörpert?

Sicher nicht nur. Das ist auch nicht unbedingt, was mich interessiert hat. Mich interessierte die Verblendung des Künstlers, der in seiner Zeit alles darauf verwendet, sich – und nur sich – durchzusetzen. Damit bildet er als Individuum indirekt ab, was dieses Jahrhundert dann weltweit angerichtet hat. Das war vielleicht der Grund, weshalb ich direkt hinter dem ersten Teil des Konzertprogramms, in dem Wagners «Weibsen», wie er sie nennt, ihren Auftritt haben – mit der Senta-Ballade, Isoldes Liebestod und Brünnhildes Schlußgesang aus der Götterdämmerung –, weshalb ich also direkt mit einem kurzen «Prolog» angeschlossen habe, in dem das ganze 19. Jahrhundert unter dem Gesichtspunkt der Aufteilung der Welt durch den Imperialismus erscheint. Und zwar in Texten von Rosa Luxemburg.

Sie verlängern das Phänomen Wagner ins 20. Jahrhundert hinein. Offensichtlich hat er für Sie wie für andere eine ungebrochene Aktualität: einerseits als Schöpfer eines Weltbildes, das im 19. Jahrhundert, dem Jahrhundert der großen Utopien und Ideologien, beheimatet ist, und andererseits auch als Künstlerfigur, deren Haltung stellvertretend für viele andere gelten kann.

Eben. Das darf man nicht vergessen. Denn man kann heute oft hören: «Ach, was wollen Sie auch mit Wagner, das ist doch längst vorbei»; die schöpferischen Kräfte unserer Zeit müßten sich ja nicht mehr auf Wagner beziehen. Und hier kommt nun das Frappierende: Die Wiederauferstehung dieses Künstlertyps gewinnt nach meinem Eindruck mehr und mehr an Raum – und das im letzten Viertel unseres Jahrhunderts. Da frage ich mich, warum.

Der Name Wagner steht offenbar für eine Ideologie, die im Halbbewußten wirkt und deshalb um so attraktiver ist.

Aber die Schuld liegt nicht einfach bei Wagner. Er ist ein Kind seines Jahrhunderts und hat alle Tendenzen der Überwältigung, des Machtanspruchs, des Glorifizierens von Größe usw. wie in einem Fokus zusammengefaßt. Es gibt Tendenzen in unserem Jahrhundert, die parallel laufen zu denen des 19. Jahrhunderts, in denen Wagner groß wurde. Dazu gehört etwa, wie Rosa Luxemburg sagte, dieser «junge deutsche Imperialismus», der mit einem Riesenappetit auf die Weltbühne trat. Ich kenne keinen Komponisten, der mit so einem Riesenappetit seine eigene Macht ausdehnte, wie es Wagner erfolgreich tat. Vielleicht kann man sagen, daß Richard Strauß in der Nazizeit ähnliche Tendenzen verfocht – auch mit dem Erfolg, daß er offenbar der weltweit meistgespielte Komponist seiner Zeit war.

Im zweiten Teil mit dem Titel «Festspiel» schaffen Sie handfeste politische Querbeziehungen zum 20. Jahrhundert. Es gibt da ein Zitat von Elias Canetti über Hitler: «Seine Unternehmungen, seine tiefsten Wünsche sind von einem Zwang zu übertreffen diktiert: Man kann soweit gehen, ihn als einen Sklaven des Übertreffens zu bezeichnen.» Wagner und Hitler: schon fast ein Topos, aber hier ist das doch etwas starker Tobak.

Sicher. Aber es hat mich doch verblüfft, daß diese Aussage in einem Essay von Canetti, den er nach dem Lesen der Hitler-Biographie von Speer schrieb, auf Wagner ohne die geringste Schmälerung zutrifft. Hier wird erstaunlicherweise etwas objektiviert, das nicht nur die Eigenart eines Verbrechers wie Hitler ist, sondern auch die Eigenart eines Denkens, das den Anspruch hat, die Welt seinem eigenen Wahn zu unterwerfen. Dieses Wahnhafte des Künstlers finde ich nicht entschuldbarer als dasjenige des Ideologen und Politikers. Nur sage ich damit natürlich nicht «Wagner gleich Hitler», das liegt mir völlig fern. Abgesehen davon, daß Wagner ein großer Künstler war und Hitler ein denkbar schlechter Maler ...

78

Wäre er ein besserer Maler gewesen, wäre unserem Jahrhundert vielleicht vieles erspart geblieben.

Sie nennen ihr Stück ein «Contra-Paradigma» (zur «Götterdämme-rung»). Was ist es nun, das Sie Wagners Todes- und Vernichtungskult entgegensetzen?

Gleich – doch zuvor noch etwas anderes: Es ist schon erschreckend, wenn ein junger Forscher, der im Auftrag der Siemens-Stiftung tätig ist, noch 1976 feststellt, daß es Schlüsselfiguren gibt, die sich in ihrer nazistischen Ideologie auf Wagner berufen; er hat das dokumentiert. (Michael Karbaum: Studien zur Geschichte der Bayreuther Festspiele, Regensburg 1976). Das zeigt, daß der Kern von Wagners Ideologie Elemente enthält, die immer wieder auf fruchtbaren Boden fallen und dadurch die Atmosphäre für einen aufgeklärten Umgang mit Wagner tatsächlich verpesten. Dagegen habe ich mein Contra-Paradigma aufzurichten versucht. Auf der Wortebene mit Texten von Rosa Luxemburg, Peter Weiss und dann, am Schluß, vor allem von Elias Canetti, Dorothee Sölle und Reinhold Schneider, mit einer verhaltenen Hoffnung, daß es den Menschen doch noch gegeben wäre, diesen Verseuchungen zu entkommen.

...einem Zitat von Dorothee Sölle entnahmen Sie den Titel des Stücks: «Im Widerstand leben, das heißt: gegen alle Hoffnung auf Hoffnung hin... spes contra spem...».

Richtig. Dann war es für mich aber wichtig, Wagner auch musikalisch anzugehen. Begreiflicherweise war das das Schwierigste am ganzen Unternehmen. Wagner bleibt immer irgendwie der Stärkere. Es ist, als steige man in den (Box-)Ring und sei im nächsten Moment schon k. o.

Wie der Hase und der Igel. Wagner ist immer schon da...

Ja. Ich habe zunächst versucht, bei Wagner direkt anzufangen, indem ich aus der Götterdämmerung eine Zitatencollage machte, an der ich musikalisch kaum etwas änderte. Ich habe lediglich weitgehend im Stile Wagners Stimmen hineinkomponiert. Und hier bestätigte sich meine Hypothese, daß Wagner offenbar häufig die Singstimmen hinterher in den Orchestersatz hineinkomponierte. Es ging erstaunlich mühelos und hat mir Vergnügen bereitet.

Musikalische Zitate Wagners haben Sie vor allem dort montiert, wo Sie auch Texte über Wagner montierten: Zitate von kritischem, oft ironischem und sogar satirischem Zuschnitt, von Herwegh, Nietzsche und anderen. Aber im letzten Teil, wo es um «Spes contra spem» geht, also um die Hoffnung trotz allem, wandten Sie eine ganz andere Kompositionstechnik an. Sie geht in Richtung Auflösung des kompakten Klangs, in Richtung eines «antihierarchischen» Komponierens. Es gibt viele solistische Partien, die Struktur wird aufgelöst durch Vierteltöne, im Sinn einer inneren Differenzierung. Ist das als Versuch zu verstehen, eine mögliche Utopie zu formulieren?

Für mich ist es das. Doch der Weg von den Collage- und Überlagerungstechniken zum Endzustand verläuft schrittweise. Dazwischen gibt es die Re-Komposition Wagnerscher Motivik: Im dritten Teil, «Zwischenspiel», habe ich versucht, den berühmt-berüchtigten Trauermarsch zu Siegfrieds Tod – den Hitler bei den Staatsbegräbnissen seiner Feinde, die er umgebracht hatte, zelebrieren ließ – so zu denaturieren, daß er gleichsam an 67 Ecken in Flammen bzw. Rauch aufgeht, ganz im Sinne von Wagners geistiger Pyromanie. Das war der Punkt, wo ich mit Wagner als Komponist fertig war – oder es mir jedenfalls einbildete. Dann kamen im vierten Teil, in «Umkehrung», die Fragmente aus der «Ästhetik des Widerstands» von Peter Weiss. «Umkehrung» ist Peripetie und zugleich inhaltlicher Schwerpunkt. Es ist als schattenhaftes Orchesterpresto im Pianissimo angelegt, als «ständige Verfolgung und Flucht». Die «Umkehrung» entsteht dadurch, daß ein über den gesamten Umfang des Orchesters ausgespannter Klang schrittweise in seine intervallgetreue Umkehrung verwandelt wird. Damit gerät das Unterste zuoberst und umgekehrt. Und wenn alle Vokalisten und Vokalistinnen zu einer einzigen Sprechstimme zusammengefaßt werden, ist der Sprechrhythmus direkt aus der Hauptstimme des Orchesters abgeleitet: Die Masse der Unterdrückten erhält ihre eigene Sprache ... Schließlich kommt, als Endpunkt der schrittweisen Distanzierung von Wagner, das Finale «Spes contra spem». Es handelt sich also nicht um eine plötzliche «Abschaffung» Wagners – das ist ja gar nicht möglich, wir haben alle dieses Erbe weiterzutragen. Es gibt dieses berühmte «Hitler in uns» oder bei Otto F. Walter, in dessen «Verwilderung», einmal auch «Stalin in uns». Das ist nun eben einmal so.

Zu S. 81: Aus Spes contra Spem, Teil 4, «Umkehrung» (Text: Peter Weiss)

Was ist denn das, was an Wagner so stark auf Sie wirkt?

Das ist insbesondere die raffinierte Harmonik. Auch das Kolorit, die Art und Weise, wie er seinen Orchesterklang aufgebaut hat. Nun ist es aber nicht so, daß ich mich dauernd damit auseinandersetzen müßte. Ich bin durchaus der Meinung von Heinz-Klaus Metzger: Es ist nicht notwendig, anzunehmen, daß man Wagner überhaupt nicht entkommt. Man kann sich im 20. Jahrhundert auch ein Komponieren ohne Wagner vorstellen. Es gibt wichtige Komponisten, die Wagner überhaupt nicht kennen. Ich für mich habe die Auseinandersetzung gesucht. Sie hat mich viele Kräfte gekostet, und ich weiß nicht, was es schließlich bringen wird. Es entsteht ja der Effekt, daß alles Kritische zu Wagner – man denke an Chéreau, Kupfer, auch an interessante musikalische Neuinterpretationen – immer noch als Überbau zum Gebäude Wagner hinzugefügt wird. Auch wenn Klaus Huber in den achtziger Jahren Wagner in kritischer Weise beizukommen versucht, wirkt das noch wie eine Bestätigung, daß Wagner eben ungeheuer wichtig sei. Das ist das Vertrackte an der Sache. Solches gilt aber für alle Ideologien dieser Richtung – leider, muß ich sagen.

Also nicht nur Hitler in uns, sondern auch Wagner in uns ist nicht so leicht zu überwinden.

So könnte man es sagen.

4   Der Reformator

Läßt sich eine Tätigkeit wie Komponieren unterrichten?

Als ich mich 1973 dazu entschloß, meine Tätigkeit als Leiter der Meisterklasse für Komposition an der Musikakademie Basel aufzugeben und einem Ruf an die Musikhochschule Freiburg zu folgen, lagen die achtundsechziger Erfahrungen noch nicht allzuweit hinter uns. – Ich hatte deshalb die Möglichkeit – aber auch genügend Anlaß –, meine Entscheidung für Freiburg weniger als Chance eines persönlichen Aufstiegs als Lehrer zu betrachten denn als eine Verpflichtung, die Dinge, welche mit dem Unterrichten eines unerhört problematisierten Faches zusammenhingen, neu zu überdenken. Dabei stellten sich einige grundsätzliche Fragen, die nicht nur mit dem Selbstverständnis der damals gerade studierenden (oder nicht studierenden!) Komponistengeneration zusammenhingen. – «Für wen komponieren Sie eigentlich?» war nur eine unter einer längeren Reihe von Infragestellungen des eingefleischten akademischen Komponistenbildes. – 1969 hatte ich das «Internationale Komponistenseminar» in Boswil (Schweiz) gegründet, um zunächst einer anderen brennenden Frage, jener nach der superindividualistischen Vereinzelung des schöpferischen Subjekts, mit dem Konzept eines offenen Forums zum Werkstattgespräch, zum professionellen Gedankenaustausch und zur Bildung einer wenn auch minimalen Solidarität unter den Musikschaffenden zu antworten. – In Boswil hatten wir schnell erkannt, daß wir vom Komponieren als einer abgeschlossenen Schreibtischtat wegsehen mußten, und hatten auf verschiedenste Weise die Auseinandersetzung mit der Realisierung einer lebendigen zeitgenössischen Musik, also mit deren Interpreten, gesucht. Berühmte, große Interpreten waren ohne Honorar bereit, an der Realisierung neuer Werke und Konzepte mitzuarbeiten. Studenten arbeiteten unter genau den gleichen Bedingungen, unter Aufwand von wesentlich mehr Zeit, mit ebenfalls höchst beachtlichen Ergebnissen. – Was in Boswil alle zwei Jahre eine Woche lang möglich war, sollte sich, so dachte ich mir, an einer Musikhochschule mit der Rückendeckung eines speziellen Instituts bei genügender Ausdauer aller Beteiligten auf längere Sicht, und dann kontinuierlich, verwirklichen lassen.
Daß dies in der Praxis einer Hochschule sich keineswegs als so einfach erwies, mag zuallererst am akademischen Anspruch des Faches Komposition liegen, an dem sich die Unterrichtspraxis im wesentlichen ja heute noch ausrichtet (traditionelle musiktheoreti-

sche Fächer werden als Kompositionsunterricht verstanden), einem Anspruch, den ich mehr und mehr für kontraproduktiv (im strengen Sinne des Wortes) hielt: hier die verpflichtenden Meisterwerke und die Professoren, dort die stümperhaften Anfängerarbeiten und die Studenten . . .

Dieser alles verfälschende Konsens galt konsequenterweise auch für jegliche in Frage stehende Aufführung zeitgenössischer Musik. – Die Arbeit des Interpreten lohnte sich nämlich nur dann, wenn er im vornherein sicher sein konnte, sich für ein Werk erster Qualität einzusetzen. Was demnach bedeutet: Ein Musikstudent verlöre nur seine wertvolle Studienzeit, wenn er sie für das Studium einer Komposition eines Mitstudenten zur Verfügung stellte – und er hätte obendrein in vielen Fällen die Überzeugung seines Fachprofessors hinter sich, wenn er dergleichen absurde Zumutungen weit von sich wiese . . .

Der feste Glaube, daß nur von der Basis, nämlich von den Studenten her, derlei Abwehrhaltungen auf die Dauer zu verändern wären, beflügelte mich dazu, folgende Konzeptpunkte «von unten her» anzugehen:

1. Verstärkung der Solidarität der Kompositionsstudenten durch gemeinsames Lernen und Handeln. Zum Beispiel: statt Analyse-Vorlesungen durch den Kompositionslehrer besser: Analyse-Seminare, vorbereitet (wenn nötig in Zusammenarbeit mit dem Lehrer) und gehalten von den einzelnen Studenten selbst. – Rotationsprinzip. – (Es gibt nicht «zweierlei Studenten», die «Superbegabten und die Normalen»! . . .)

These: Jeder lernt von jedem. (Der Lehrer muß da lediglich mitziehen und durchhalten, d. h. er lernt schließlich auch!)

Um solches zu erreichen, ist es nicht fortschrittlich, wenn sich das Kompositionsstudium unter vier Augen abspielt. Individueller Unterricht, aus verschiedensten Gründen unabdingbar und von mir bis heute mit großem zeitlichem Aufwand mit jedem meiner Studenten praktiziert, darf nicht der einzige Unterricht sein. (Außerdem ist es nicht ersprießlich, wenn der Lehrer denkt: «Du sollst keine anderen Götter neben mir haben . . .»)

Daraus ergab sich: Jeder Student sollte die Möglichkeit erhalten, mit *zwei Lehrern* gleichzeitig oder wechselweise arbeiten zu können, die ihm möglicherweise *Verschiedenes* zu sagen haben, wenn er ihnen die gleiche Arbeit vorlegt.

In diesem Sinne zog ich meinen damaligen Basler Studenten Brian Ferneyhough als Mitarbeiter gleich mit nach Freiburg. Ferneyhough erwies sich im Laufe weniger Jahre nicht nur als einer der führenden Komponisten seiner Generation, sondern auch als ausgezeichneter, höchst kompetenter, faszinierender Lehrer.

2. Die Auseinandersetzung des Kompositionsstudenten mit der musikalischen Praxis muß in jeder Hinsicht gefördert werden, ja, sie muß manchmal Vorrang vor dem «Komponieren an sich» bekommen. Das hieße: weg vom Schreibtisch, hinein in die Arbeit mit dem Interpreten. – Wann sollte es denn sonst möglich sein, die auf Gegenseitigkeit beruhende «Berührungsangst» zwischen Komponist und Interpret endlich abzubauen, wenn nicht während ihres Studiums?!

These: Es gibt keine gefegten Wege. Das heißt, es ist Sache und Aufgabe der Kompositionsstudenten selbst, ihre Studienkollegen aus den verschiedensten Fächern zu einer seriösen, hingebungsvollen Erarbeitung ihrer Kompositionen zu motivieren, mit ihnen entsprechend zu arbeiten. Wiederum: Beide können voneinander lernen. – Hierzu sind jederzeit, wo immer nötig, Workshops einzurichten. Vielleicht als Resultat: praxisnähere Kompositionen.

Darüber hinaus haben sich die jungen Komponisten sozusagen als Pioniere der zeitgenössischen Musik in der ganzen Hochschule einzusetzen, keineswegs etwa nur zugunsten ihrer eigenen Musik.

Einige Konsequenzen: Die unter Fortner begründeten MUSICA-VIVA-Konzerte mit prominenten Solisten und Ensembles Neuer Musik, welche den Löwenanteil unseres höchst bescheidenen jährlichen Instituts-Etats beansprucht hatten, mußten in den Hintergrund treten zugunsten von Eigenaktivitäten der Studierenden auf dem gesamten Gebiet der zeitgenössischen Musikproduktion.

Der Titel war von 1976 an HORIZONTE-KONZERTE. Es gab vier Veranstaltungstypen:

A) HORIZONTE-Konzerte «Junge Komponisten»

Kompositionen der Kompositionsstudenten nicht als Vortragsabend der Hochschule, sondern als öffentliche Konzerte (mit Presse), ohne Nennung der Kompositionslehrer, unter weitgehender Mitverantwortung der Studenten selbst. Vorbereitung durch hochschulöffentliche Workshops (seit 1974). – Zwischen 1981 und 1986 vierzehn Konzerte mit 74 Kompositionen von 49 Komponisten. Austausch- und Gastkonzerte in Essen, Basel, Torino (Settembre Musica), Como (1983, 1984, Autunno Musicale), Venezia, Cremona.

B) HORIZONTE-Konzerte mit unserem «Ensemble des Instituts für Neue Musik»
Die Ausführenden sind auch hier Studierende der Hochschule, dann und wann ergänzt durch ehemalige Studierende und durch die Mitwirkung von Hochschullehrern.

C) Natürlich veranstalteten wir auch weiterhin HORIZONTE-Konzerte mit hervorragenden Solisten und Ensembles aus dem In- und Ausland, soweit wir solche bezahlen konnten. Allerdings versuchten wir hierbei regelmäßig, Solo-Auftritte mit eintägigen Lehrveranstaltungen (Workshops für Interpreten und Komponisten!) dieser Solisten zu verknüpfen. (Unter anderem mit Harry Spaarnay, Baßklarinette; Ivan Roth, Saxophon; Jean-Pierre Drouet, Schlagzeug; Claude Helffer, Herbert Henck, Frederic Rzewski, Klavier; Pierre-Yves Artaud, Flöten; Fernando Grillo, Kontrabaß; etc. etc.)
NB: In (B) und (C) Werke von über 80 Komponisten.

D) HORIZONTE-Konzerte als Komponisten-Porträts
Arturo Tamayo begann 1974 mit einem Mini-Porträt Luciano Berios mit Cathy Berberian als Solistin, begleitet durch ein Ensemble aus Studenten der Hochschule und mit Ursula Holliger. (Dieser Anlaß war gleichzeitig der Anstoß zur Gründung des «Ensembles des Instituts für Neue Musik». Es folgten seither sechzehn Komponisten-Porträt-Konzerte, davon vierzehn unter der Leitung Tamayos, meist in Anwesenheit der Komponisten selbst, die Seminare abhielten. – Es bildete sich zudem die Praxis heraus, das dem Konzert vorauslaufende Semester in den Kompositionsseminaren der Analysearbeit an ausgewählten Werken des betreffenden Komponisten zu widmen. – Besonders fruchtbar war das Jahr 1983, das mit einem Nono-Konzert begann. Es folgten Kurtág, Nunes, Varèse, Maderna; 1984 Xenakis und Carter; 1985 Lachenmann, Lutoslawski und Earle Brown; 1986 Boulez (mit Messiaen und Berio), Ferneyhough und – natürlich nicht von uns aufgeführt – die deutsche Erstaufführung von Stockhausens «Evas Traum». – Exemplarisch waren die Konzerte mit Nono, Xenakis und Lutoslawski, alle unter der Leitung von Arturo Tamayo, besonders auch deshalb, weil alle Interpreten – mit einer Ausnahme auch alle Solisten! – Studenten unserer Hochschule waren. (Lutoslawski dirigierte selbst sein Doppelkonzert für Oboe, Harfe und Streicher mit Studierenden als Solisten. In diesem Konzert wirkte auch der Hochschulchor unter Hans Michael Beuerle mit, in «Trois poèmes d'Henri Michaux».)

Ganz entscheidend für alle unsere praktisch ausgerichteten Zielsetzungen war die Gründung des «Ensembles des Instituts für Neue Musik der Staatlichen Hochschule für Musik Freiburg», wie sein reichlich schwerfälliger offizieller Name lautet. Im Prinzip ein mobiles Studentenensemble, bildete es von allem Anfang an den Rückhalt für die Realisierung der verschiedensten Projekte, die inhaltlich nicht selten «aus ihm herausgewachsen» waren. – Im Rückblick ist auch festzuhalten, meine ich, daß unser Studentenensemble seinerzeit so etwas wie die Keimzelle zur Gründung des «Ensemble Modern» war, in dem in der Anfangsphase weit über die Hälfte «Freiburger» spielten. – Seit etwa zehn Jahren gastierte das Ensemble unseres Instituts gelegentlich auch außerhalb Freiburgs und im Ausland – so gab es zwischen 1977 und 1980 fünf Konzerte in Genf. Doch konnte dies nie eine primäre Zielsetzung werden, wollten wir unsere Arbeit mit Studenten, die auf eine gewisse Breite angelegt sein mußte, in der begonnenen Weise fortführen.

Die Gründung und die gesamte Aufbauarbeit wäre gänzlich unmöglich gewesen ohne den unermüdlichen, selbstlosen Einsatz eines meiner damaligen Studenten, der gleichzeitig bei Francis Travis Dirigieren studierte: Arturo Tamayo. Er war es, der in jahrelanger, zäher, unauffälliger Arbeit den Grundstock legte zu einer permanenten Praxis zeitgenössischer Musik, die uns heute dazu befähigt, auch anspruchsvollste Programme mit den Studenten zu realisieren. Ich hoffe, daß er uns noch einige Zeit die Treue halten wird.

1980 stieß ein anderer meiner ehemaligen Studenten zu unserem Team. André Richard verdankt unser Institut nicht nur eine endlich funktionierende organisatorische Durchdringung ohne Bürokratie, d. h. ohne die Tendenz, unseren zielsetzenden Ansatz zur Veränderung der Praxis Neuer Musik etwa abzustumpfen; weiter den professionellen Ausbau unserer Bibliothek des 20. Jahrhunderts (Partituren, Bücher und Platten); die sukzessive Ausdehnung unserer Tätigkeiten über Freiburg hinaus und die Realisierung von Projekten größerer Tragweite, die ohne ihn nicht möglich gewesen wären. So bildete er 1984 den Solistenchor des Instituts für Neue Musik, der aus den Sängern (Studenten), die im Nono-Porträt mitgewirkt hatten, herauswuchs, und studierte mit ihnen den Chorpart für die Uraufführung von Nonos «Prometeo» an der Biennale 1984 in Venedig ein wie auch für die Aufführungen der überarbeiteten Zweitfassung im folgenden Jahr an der Scala in Mailand. – Richard ist inzwischen in mehr als einer Hinsicht zum Herz des ganzen, nicht unkomplizierten Organismus geworden.

3. Die Auseinandersetzung der Kompositionsstudenten mit den neuen, vielfältigen Möglichkeiten der elektronischen Musik, insbesondere mit der Einbeziehung des Computers.

Hier hatten wir bereits Mitte der siebziger Jahre ein eigenes pädagogisches Studio für unsere Hochschule beantragt, mußten aber bis zum Hochschulneubau warten, bis die Bewilligung des Kultusministeriums endlich eintraf. Als eine Übergangslösung hatten wir enge, produktive Kontakte zum Experimentalstudio der Heinrich-Strobel-Stiftung des Südwestfunks in Freiburg-Günterstal und besonders zu dessen Leiter Hans Peter Haller gepflegt, machten 1978/79 eigene Zusatzseminare über Informatik und Computermusik, kamen uns aber im Ganzen gesehen sehr im Rückstand betreffend auszubauende Studienmöglichkeiten vor. Im Herbst 1985 konnten wir mit Mesias Maiguashca einen der hervorragenden Komponisten und Pädagogen auf diesem Gebiet gewinnen und so die Arbeit in einem Studio beginnen, das den vielleicht doch nicht zu unterschätzenden Vorteil hat, daß seine Ausstattung heute noch in keiner Weise veraltet ist! Eine Arbeit, die in jeder Hinsicht produktiv zu werden verspricht und unseren Rückstand im Vergleich zu einigen anderen Hochschulen des In- und Auslandes hoffentlich allmählich verkleinert . . .

Als Nachfolger von Brian Ferneyhough, dessen Weggang an das Konservatorium Den Haag eine deutliche Zäsur hinterläßt, ist es uns gelungen – und wir sind in mehrerer Hinsicht stolz darauf –, Emanuel Nunes nach Freiburg zu holen. So können weiterhin alle Studenten, die das wünschen, sich mit durchaus verschieden profilierten Persönlichkeiten auseinandersetzen.

Aus dem Programmheft zum Musikfest Freiburg-Köln der Kölner Gesellschaft für Neue Musik (2. Dezember 1986)

Toleranz als Leitidee. Ein Brief aus Boswil

Lieber Klaus,
als sich 1969 die Idee der künftigen Komponistenseminare verdichtete, kannten wir uns, vor allem durch den Basler Kreis der Komponisten und Interpreten, die in Boswil auftraten, schon mehrere Jahre. Mit Begeisterung war Boswil für Deine Idee und stellte seine, allerdings noch recht primitive, Infrastruktur in Baden zur Verfügung. Als Initiator aktiviertest Du Deinen weiten Freundeskreis, es wurde ein vorbereitendes Team gebildet, das Idee und Bedingungen formulierte und das Komponistenseminar ausschrieb.
Es war unsere gemeinsame Absicht, daß – damals noch kaum vorstellbar! – Komponisten aus den Oststaaten die Reise antreten und ihnen so im Westen künstlerische und menschliche Kontakte ermöglicht werden sollten. Dazu ließen wir uns neue Ideen einfallen und benutzten alle möglichen Kanäle, um die Einladungen direkt an die Künstler und nicht an die Verbände senden zu müssen oder überbringen zu lassen. Viele unserer gemeinsamen Freunde halfen mit ihren Beziehungen: Aurèle Nicolet, Heinz Holliger, Jürg Wyttenbach u. a. Jeder stellte sich mit Begeisterung hinter diese Idee.
Es waren aufregende Wochen. Die kleinsten Erfolge wurden gefeiert und nährten unsere Hoffnung, den einen oder andern Komponisten «herüberzubringen». Die Mitarbeiter schließlich, die sich um Dich scharten, waren eine vielversprechende Gruppe, und als sie und die Komponisten am 8. April in Boswil eintrafen, gab es manche Freudesträne. Nebst Heinz Holliger, Hans Ulrich Lehmann, Urs Peter Schneider und Jürg Wyttenbach kamen David Bedford aus London, Franco Donatoni aus Mailand, Zsolt Durkó aus Budapest, Giuseppe Englert aus Paris, Marek Kopelent aus Prag, Helmut Lachenmann aus München und Per Nørgård aus Kopenhagen. Durkó und Kopelent waren gar zum ersten Mal im Westen und genossen die Landluft auf ihre eigene Art! Nur Edison Denissow ließ man in Moskau nicht weg. Indessen wurde der russische Begleittext seiner Partitur «Trois pièces» von Constantin Regamey ab Blatt übersetzt. Dies war ein nachhaltiges Erlebnis. Wir sahen unsere Anstrengungen einigermaßen belohnt. Es war eine kleine UNO in unserem Freiämterdorf (le circle des 13!), und am 13. April (meinem 45. Geburtstag) schriebst Du in mein Buch: «Wir haben etwas versucht, was sicher nicht unsere Welt verändern kann. Aber wenn sich die Welt überhaupt noch durch Menschen ändern ließe, so nur

Klaus Huber und Willy Hans Rösch, Boswil 1974

durch ein Denken und Fühlen... *Toleranz im reinen Sinne* muß
unser Engagement werden!» Dieses Wort von Dir hat in Boswil über
die Jahre quer durch alle künstlerischen Sparten Wesentliches aus-
gelöst und verdichtet: Die private Stiftung geriet – vorerst im
Bereich der zeitgenössischen Musik – ins internationale Rampen-
licht. Die einen unterstützten die Öffnung nach Osten lautstark und
aktiv, während andere uns mit Vorwürfen überhäuften. Ein kleines
«Weißbuch» könnte aus unseren Archiven einiges ans Tageslicht
bringen. Doch wir hielten durch, uns immer an Dein Leitwort der
Toleranz erinnernd.
Zum zweiten Seminar (1971) gelang es, Paul Heinz Dittrich und
Wilfried Jentzsch erstmals aus der DDR nach Boswil zu bringen,
obschon deren Reise noch am Vorabend nicht feststand. Aber am
nächsten Tag waren sie da. Dittrich erhielt von der Jury (Gilbert
Amy, Klaus Huber, Dieter Schnebel) für seine «Schlagzeilen» den
ersten Preis, und Erich Holliger inszenierte innert Wochenfrist
gleich eine szenische Aufführung des Stückes am Basler Theater.
Damit wurde Dittrich im Westen – durch Boswil – bekannt, wie viele
nach ihm, die später zur Stiftung stießen. Stellvertretend seien
genannt: Miro Bazlik, Bratislava/ČSSR, Reiner Bredemeyer, Ber-
lin/DDR, Violeta Dinescu, Bukarest, Gerhard Erber, Berlin/DDR,
Friedrich Goldmann, Berlin/DDR, Jörg Herchet, Dresden/DDR,
Georg Katzer, Berlin/DDR, Marek Kopelent, Prag, Krzysztof
Meyer, Krakow/Polen, Friedrich Schenker, Leipzig/DDR...

Viele Fäden verschlangen sich in Boswil. Während der Komponistentage war das Künstlerhaus immer eine Brutstätte neuer Ideen, aber auch ein diskreter Austauschplatz von Informationen unter Freunden auch aus den sozialistischen Ländern. Die Stiftung war und bleibt neutral, aber sie gewährt diese Kontaktmöglichkeiten im Sinne «Deiner Toleranz».

Heute dankt Dir Boswil, lieber Klaus, für Deine Hilfe, Deine Menschlichkeit und Deine Offenheit. Persönlich wünsche ich Dir zum bevorstehenden 65. Geburtstag, daß Du noch lange gesund bleibst und wir von Deiner unermüdlichen Schaffenskraft noch viel Gutes und Schönes hören und lesen dürfen!

In herzlicher Freundschaft!

Willy Hans Rösch   Baden, 13. Juli 1989

Zum Stellenwert des zeitgenössischen Komponisten innerhalb eines allgemeinen Musiklebens

Vor etwa 15 Jahren hörte ich von polnischen Komponistenkollegen zum erstenmal von einem existierenden «Domaine public payant». In Polen war es schon damals Praxis, daß alle Veranstalter von Programmen mit nicht urheberrechtlich geschützten Werken zur Kasse gebeten wurden, um so einen solidarischen Beitrag zugunsten der lebenden Komponisten zu leisten. Die so eingenommenen Beiträge flossen in einen Pool, aus welchem unter anderem alle jene Komponisten, die nicht von ihren eigenen Autorenrechten leben konnten, einen monatlichen Beitrag als Existenzgrundlage ausbezahlt erhielten. Ob darüber hinaus mit dem vorhandenen Geld noch andere Aufgaben in bezug auf eine Verbreiterung der öffentlichen Basis zeitgenössischen Schaffens übernommen wurden, entzieht sich meinem Wissen.

Die Überlegungen waren ganz einfach. Man ging davon aus, daß Programme mit Musik von geschützten Autoren die Kassen der Veranstalter belasten, während sie gleichzeitig die Tendenz haben, die Säle zu leeren (die Zuhörerquoten zu senken). Umgekehrt haben Programme mit nicht geschützter Musik – zum Beispiel mit Werken von Beethoven, Brahms, Tschaikowsky – schon viel eher die Tendenz, Kassen und Säle zu füllen.

Es schien nun naheliegend, die Organisatoren des öffentlichen Musiklebens um einen solidarischen Schritt zugunsten der vielen benachteiligten Urheber wertvollen zeitgenössischen Schaffens zu bitten. So kam die Regelung zustande.

Überwältigt von der Einfachheit und Überzeugungskraft dieser Überlegungen sprach ich damals, allerdings im Alleingang, mit dem Direktor der Schweizerischen Urheberrechtsgesellschaft SUISA. Seine Antwort war lapidar (weshalb sie mir beinahe wörtlich im Gedächtnis blieb): «Wir haben zu so etwas keinerlei rechtliche Grundlage. Bei uns muß der Grundsatz herrschen: Jedem das Seine.»

In den dazwischenliegenden Jahren hat sich in manchen Ländern in der Diskussion und Beurteilung dieser Frage, soweit ich orientiert bin, einiges geändert. So geht man in neueren wissenschaftlich-rechtlichen Arbeiten davon aus, ein potentielles Recht zu direkter Mitbeteiligung an den beträchtlichen Umsätzen nicht mehr geschützter Musik den heute lebenden Komponisten zuzubilligen. Sie sind die authentischen Erben des historischen Musikschaffens. Man weist z. B. nicht zu Unrecht darauf hin, daß der höchste Marktwert eines Kunstwerkes erfahrungsgemäß erst Generationen nach dem Tode seines Schöpfers erreicht wird, wie dies auf dem Gebiet der bildenden Kunst ja besonders evident ist. So – glaubt man vertreten zu dürfen – wäre es auf jeden Fall sinngemäß richtig, für eine direkte Teilhabe der heute lebenden Generation von Urhebern am hohen Marktwert alter, längst nicht mehr direkt geschützter Musikwerke einzutreten. Man geht dabei von der Überlegung aus, daß – bildhaft ausgedrückt – die Urheber vergangener Generationen für die heute lebenden Urheber Vorsorge geleistet haben, während diese prospektiv dasselbe für kommende Generationen leisten werden. – Ich muß sagen, ein recht optimistischer Glaube an den Zukunftswert heutigen Musikschaffens, den ich allerdings ungebrochen teile, vorausgesetzt, unsere Kultur erhält die Chance, sich entsprechend weiterzuentwickeln.

Im folgenden möchte ich auf zwölf Thesen hinweisen, die Dr. Adolf Dietz, München, bei der Vorbereitungskonferenz zum Europäischen Jahr der Musik 1985 Ende März 1983 in Venedig vorgelegt hat.

Dietz nennt sie «Thesen zur Harmonisierung der Urheberrechtsschutzfristen im Rahmen der Europäischen Gemeinschaft». Der Untertitel lautet: «Auf dem Wege zu einem modernen System des ‹Domaine public payant› oder eines ‹Urhebergemeinschaftsrechts›». Ich beziehe mich hier insbesondere auf jene Thesen, die sich mit dem Urhebergemeinschaftsrecht und seinen Möglichkeiten auseinandersetzen. (Auszüge aus den zwölf Thesen von Adolf Dietz, siehe S. 96.)

Ich sehe in der Tat genau auf diesem Wege eine konkrete Möglichkeit für das allgemeine öffentliche Musikleben, einen Schritt hin zur Durchbrechung des «real existierenden Gettos» zeitgenössischer Musik von außen her zu tun. Indem das öffentliche Musikleben sich auf diese direkte Weise mit den Anliegen der heute lebenden Komponistengeneration solidarisiert, garantiert es dieser eine Existenz, die befreit wäre vom Druck der Marginalisierung, und würde den Komponisten damit den Rücken stärken, damit sie ihrerseits aus der Isolation auszubrechen wagten.

Was nun meine Anregungen zur konkreten Verwendung der Mittel einer Urhebergemeinschaft angeht, so meine ich zweierlei.

Erstens würde es möglich, daß die Verwertungsgesellschaften wieder vermehrt Autorengesellschaften zu sein vermöchten. Sie hätten – im Sinne eines neu zu schaffenden Urhebergemeinschaftsrechts – vom Prinzip einer individuellen Schutzfrist zugunsten der Urheber-Erben überhaupt nicht abzurücken, wären aber auf der anderen Seite imstande, jenen Komponisten, die aus den Einnahmen aus eigenen Urheberrechten nicht existieren können, eine vielleicht minimale, aber feste Existenzgrundlage zu bieten.

Zweitens könnte auf dem Gebiet des Musikverlagswesens eine neue, eine bessere Zeit anbrechen.

Es ist klar, daß nicht alle Musik verlegt werden kann, aber es könnte und müßte mehr verlegt, vor allem auch mehr gedruckt werden. Komponierte Musik muß im Prinzip greifbar, d. h. öffentlich zugänglich sein, damit sie sich Gehör verschaffen kann. In einem Brief an den Schweizerischen Bundesrat betreffend die Gründung einer Stiftung zur Förderung der Edition und Promotion von Werken schweizerischer Tonkunst formulierte ich zuhanden des Schweizerischen Tonkünstlervereins: «... Wir kommen zurück auf unsere Eingabe vom 4. Januar 1982, in welcher wir Ihnen die besorgniserregende verlegerische Situation der schweizerischen Komponisten dargelegt haben, die dadurch entstanden ist, daß in unserem Lande Musikschaffen und Musikverlegen nicht im Gleichgewicht sind. Es wird weit mehr bedeutende Musik geschaffen, als solche verlegt wird. So ist ein großer Teil des Schaffens namhafter Schweizer Komponisten ... bis heute unverlegt ...»[1]

---

[1] Schreiben des Schweizerischen Tonkünstlervereins an Bundesrat Alphons Egli vom 7. Februar 1983

Was ich zur schweizerischen Situation formulierte, gilt allerdings nach wie vor auch für die meisten anderen Länder Europas, vielleicht mit Ausnahme von Italien, den Niederlanden und Schweden. Jedenfalls «sind immer weniger privatwirtschaftliche Musikverlage fähig, ihre kulturelle Verantwortung gegenüber dem kompositorischen Schaffen unserer Zeit aus eigenen Kräften zu übernehmen. Das heißt, sie sind nicht mehr in der Lage, die Zugänglichkeit der Produkte der Komponisten durch eine entsprechende Verlagstätigkeit zu garantieren. Unterstützungen der öffentlichen Hand sind – insbesondere in kleinen Ländern ohne starke internationale Verlage – nicht mehr zu umgehen...»[2]

Die reale Gefahr besteht schon heute, daß bei einem weiteren Rückgang, eventuell Rückzug des Musikverlagswesens in bezug auf die Musikproduktion lebender Komponisten man sich langsam aber sicher zu einem «musikalischen Analphabetismus» zurückentwikkeln wird.

Ich meine also, es müßte möglich werden, aus den Erträgnissen eines Urhebergemeinschaftsrechts jede verlegerische Initiative zu subventionieren, die einen Beitrag im Sinne einer breiteren Öffentlichkeit von zeitgenössischer Musik leistet und diesen nachweisen kann. Es ist ja durchaus kein Geheimnis, daß heute bei der zeitgenössischen Musik verlegerisch in den seltensten Fällen mit bedeutenden Einnahmenüberschüssen, in sehr vielen Fällen nicht einmal voll kostendeckend gearbeitet werden kann. Überall dort, wo verlegerische Unternehmungen sich zugunsten der im öffentlichen Musikleben benachteiligten – weil nicht oder nicht ihrer Bedeutung entsprechend verlegten – Autoren einsetzen, sollten sie durch eine großzügige Subventionspraxis, die sich unbedingt über größere Zeiträume erstrecken müßte, unterstützt werden können.

Von diesem Gesichtspunkt aus betrachtet, dürften wir Komponisten, die sich für eine baldige Anerkennung eines Urhebergemeinschaftsrechtes mit allem Nachdruck einsetzen, doch hoffentlich davon ausgehen, die Musikverleger an unserer Seite zu wissen.

[2] siehe Fußnote 1

Zweite Hälfte eines Referats, das Klaus Huber am 26. Mai 1983 beim 3. Komponisten-Symposion des Interessenverbandes Deutscher Komponisten in Mainz gehalten hat. Der erste, hier weggelassene Teil enthält Überlegungen zum Thema der gesellschaftlichen Isolation des Künstlers. Der vorstehende Text wurde erstmals veröffentlicht unter dem Titel «Mäzen Beethoven» in der Zeitschrift «Passagen» Nr. 6, Zürich 1988.

Aus den Thesen für ein Urhebergemeinschaftsrecht

I. Die vornehmste Rolle des Urheberrechts bestand immer in der Stimulierung des kulturellen Schaffens im weitesten Sinne des Wortes. Ohne die legitimen Interessen der Kulturindustrie – ebenfalls im weitesten Sinne des Wortes – vergessen zu wollen, kann doch nicht geleugnet werden, daß die Stimulierung des kulturellen Schaffens zunächst immer Stimulierung an der Quelle bedeutet, d. h. dort, wo die urheberrechtlich geschützten Werke entstehen, nämlich bei den Urhebern selber. Wenn das Urheberrecht also diese vornehmste Rolle der Stimulierung des kulturellen Schaffens auch im Bereich des Musikschaffens weiterspielen will, dann muß es dabei zunächst die Komponisten, d. h. die Musikurheber ins Auge fassen.

II. Allzu oft wirken sich Reformen des Urheberrechts nur auf indirekte Weise zugunsten der Urheber im allgemeinen und der Musikurheber (Komponisten) im besonderen aus, und zwar indirekt in dem Sinne, daß eine florierende Kultur- und Musikindustrie normalerweise auch positive Auswirkungen für die lebende Generation der Urheber und Komponisten haben müßte. Indessen kann man sich heute nicht mehr mit diesen indirekten Auswirkungen von Urheberrechtsreformen begnügen... Darüber hinaus muß man vielmehr Lösungen, die eine direkte und entscheidende Verbesserung der Lebensbedingungen der Kulturschaffenden darstellen, suchen und offen ansteuern.

V. Der traditionelle Ausdruck «Domaine public payant» ist jedoch schlecht gewählt, weil er dessen Grundgedanken nur unvollkommen zum Ausdruck bringt, daß nämlich die Verlängerung der Urheberrechtsschutzfrist der lebenden Generation der Urheber/Komponisten zugute kommen soll. Der Ausdruck löst allzu oft die Vorstellung einer zusätzlichen Steuer zugunsten des Staates aus oder zumindest die Vorstellung einer in staatlich kontrollierte Fonds abzuführenden Vergütung. Um dieses Mißverständnis zu vermeiden, ist es daher besser, in Zukunft von dem «Urhebergemeinschaftsrecht» zu sprechen.

XII. Das Urhebergemeinschaftsrecht (im Sinne eines modernen Konzepts des «Domaine public payant») ist nichts anderes als ein verallgemeinertes System der Selbstfinanzierung und des «Eigenmäzenats» des Kultursektors, befreit jedoch von den Gefahren des kulturellen Dirigismus, die dem «Domaine public payant» traditionellerweise entgegengehalten werden.

Der vollständige Text der «Thesen zur Harmonisierung der Urheberrechtsschutzfristen im Rahmen der EG» kann bezogen werden beim Autor: Adolf Dietz, Sieberstrasse 3, D-8000 München 80.

Für eine lebendige Orchesterkultur

Ich entsinne mich, daß in den fünfziger Jahren avancierte Komponisten die Auffassung vertraten, das Orchester sei überlebt, es werde sterben, es lohne sich nicht mehr, für dieses retardierende Medium neue Musik zu schaffen.

Weitere dreißig Jahre später kann man nichts dergleichen feststellen. Die Komponisten schreiben, unter ihnen auch die avanciertesten, getrost weiterhin für Orchester. Man denke nur an Cages «Thirty-six pieces for five orchestras» (Uraufführung Metz, 1981). Die Orchester-Produktion hat keineswegs abgenommen, wenngleich doch vielleicht einschränkend festgestellt werden müßte, daß sie nicht in allen Teilen besonders innovativ ist. – Doch ist sie das je gewesen?

Was aber auf jeden Fall abgenommen hat, ist die Neigung des Bürgers – oder jedenfalls jenes Teiles der bürgerlichen Gesellschaft, der Konzerte besucht –, sich im Konzertsaal provozieren zu lassen. Tumulte bei Aufführungen neuer Werke gibt es kaum noch. Das «Epatez le bourgeois!» ist, allerdings auch aus dem Blickfeld der Komponisten, fast gänzlich verschwunden. Frei nach Goethes Faust ließe sich sagen: «Die Gesellschaft hat einen guten Magen, sie kann (inzwischen) ‹neue Musik› recht gut vertragen.» Aber ob das ein Fortschritt ist?

Der Konflikt hat sich, soweit ich sehe, internalisiert, er ist aus der Öffentlichkeit weitgehend in die Ebene der Produktion, also der Probenarbeit, zurückgenommen und spielt sich zwischen Komponist und Orchester mit der Person des Dirigenten als Katalysator ab. Es kommt immer wieder vor, daß ein Orchester bei der Einstudierung eines inzwischen viele Jahre «alten» Stücks sich benimmt, als ginge es um eine Uraufführung, das heißt, alles unternimmt, um dem Komponisten die Unausführbarkeit seiner Partitur zu «beweisen», obwohl diese längst anderswo, von ganz normalen Orchestermusikern, mehrfach, und zwar höchst authentisch, realisiert wurde. Die Schuld an solchen und ähnlichen unfruchtbaren Auseinandersetzungen liegt meistens nicht etwa nur im Werk, das heißt der Partitur, oft nicht einmal in erster Linie. Vielmehr ist es eine eingefleischte Berührungsangst allem Neuen, Unbekannten gegenüber, welche jene Haltung der Renitenz hervorbringt, die immer jene Orchestermitglieder am stärksten nach außen kehren, deren instrumentale und musikalische Kompetenz und Überlegenheit am geringsten ist.

Es ist schon so, daß derjenige, der eine Sprache nicht versteht, vielleicht auch gar nicht verstehen will, in einer ohnehin gespannten Situation am schnellsten dazu neigt, den unverstandenen Text als Beschimpfung, wenn nicht gar als Beleidigung aufzufassen. Im Zusammenhang mit einer Aufführung meiner TENEBRAE am Beethovenfest 1970 in Bonn – das Werk hatte den Beethovenpreis erhalten und sollte zur Preisübergabe gespielt werden – stellte ich diesen Sachverhalt – es war in der Generalprobe zu provokanten Feindseligkeiten von Orchestermitgliedern mir gegenüber gekommen – in einer kurzen Ansprache u. a. folgendermaßen dar: «...wenn jemand uns in einer fremden Sprache anspricht, dürfen wir nicht sofort unterstellen, er wolle uns beleidigen. Es könnte ja sein, daß er uns etwas ganz Wichtiges mitteilen möchte...»

Ich bin übrigens der festen Überzeugung, daß an dergleichen letztlich unproduktiven Zusammenstößen keineswegs immer nur das Orchester oder einzelne seiner Mitglieder die Schuld trifft. Häufig sind solche Entladungen die Folge von Streß in irgendeiner Form. Und besonders bei Uraufführungen steht selbstverständlich der Komponist als erster unter einem fast unerträglichen Druck. Denn nun endlich, und nicht vorher, wird «sein Kind» geboren. Oft verhält er sich wie ein arroganter, unerträglicher Besserwisser und Pedant und verkennt vollkommen die sehr reale Streßsituation der Musiker, allermeist bedingt durch viel zu wenig entspannt-produktive Probenzeit und damit eine objektive Überforderung der vorhandenen Fähigkeiten. Natürlich lassen sich solche Probleme überspielen, aber eine Malaise bleibt. – Ich finde, der Komponist schuldet jedem Orchester, das sich mit Kompetenz, hohem instrumentalem Können, Geduld, Konzentration während vieler Stunden für sein Werk einsetzt, ohne Müdigkeit zu zeigen, allergrößten, aufrichtigen Dank, und zwar auch dann, wenn während dieser Arbeit, die einer Wertfindung gleicht, nicht jeder Musiker diese Musik, vielleicht nicht einmal seine begrenzte Aufgabe liebt. – Es bleibt immer auch das unumgängliche Problem der Hierarchie, der notwendigen Subordination. Daß unfreiwillige, höchst anstrengende, «befohlene» Arbeit soviel zeitlichen Spielraum haben sollte, daß dabei nie das Gefühl der Entfremdung allzu stark überhand nehmen kann, müßte eine Voraussetzung gedeihlicher Arbeitsbedingungen sein. Servilität macht jede künstlerische Arbeit zum baren Unsinn.

Man darf aber auch nicht vergessen, daß schon Gustav Mahlers lebenslanger Kampf gegen die Bequemlichkeit institutionalisierter Musiker, gegen deren Abstumpfung durch Saturierung – «Tradition ist Schlamperei!» – keineswegs einem despotischen Willen zur Unterwerfung schwächerer Untergebener entsprang, sondern der immer neu vorgestellten Aufgabe, der die Treue zum Kunstwerk innewohnen muß, als Ansporn und Stachel jeglicher künstlerischer Arbeit. – Betrüblich, ja deplorabel wäre in jedem Falle eine Situation – und zwar für alle Teile, das heißt den Dirigenten, den Komponisten und das Orchester –, in der die real vorhandenen Potentiale eines Aufführungsorganismus – und diese bilden sich aus den Ressourcen eines jeden einzelnen Musikers – nicht ausgeschöpft werden können. – Ein Orchester muß einfach das Gefühl bekommen, daß es mit jeder Probe, mit jeder Aufführung, von Jahr zu Jahr an Möglichkeiten zunimmt, daß es immer besser spielt, kompetenter musiziert. Nur das wird keinem seiner Mitglieder die Musik je verleiden!

Mag sein, daß selbst ein Schönberg höchst überrascht sein würde, wenn er hören könnte, wie heute angehende Musiker seine Werke spielen, und wie seine Musik von einem jungen, aufgeschlossenen Publikum aufgenommen und enthusiastisch gefeiert wird. – In diesem Sinne darf man die absichtlich überspitzte Formulierung Michael Gielens «... was heute unspielbar ist, wird morgen spielbar sein...» nicht als leere Utopie abtun. Die Erweiterung der Potentiale gerade auch des Orchesterspiels ist keineswegs abgeschlossen. Was heute aber da und dort gefährdet erscheint, ist der Wille, aus den immanenten Möglichkeiten eines Orchesters, eines Musiktheaters jene Kräfte zu mobilisieren, die allein imstande sind, unsere Musikkultur lebendig zu erhalten. Diese Kräfte dürfen aber nicht nur dazu dienen, das Historische unserer Kultur davor zu bewahren, ins Museale abzugleiten. Es geht wesentlich auch darum – im Sinne eines vorhandenen, aber auch ernstgenommenen Kulturauftrags –, neue Werke anzuregen und sie unter optimalen Bedingungen, also nicht als ein Alibi, zu realisieren. Und drittens sollten, vermittelnd dazu, möglichst viele der innovativen, bedeutenden Werke der modernen Musik und des Musiktheaters präsentiert werden. Unser musikkulturelles Gegenwartsbewußtsein gerät sonst in Gefahr, gänzlich einseitig einzuschrumpfen.

Meistens wird dagegen eingewendet, daß ein Publikum, das zählt (und zahlt!), solche Programme, solche Breite der Information, solche nicht immer bequemen Auseinandersetzungen gar nicht wünscht, oft im Gegenteil verabscheut und eben nur das immer und immer wieder hören will, was es bereits zur Genüge kennt. Geht man aber der Sache etwas eindringlicher nach, so stellt sich heraus, daß es meistens sehr viel weniger «das Publikum» ist, welches dergleichen restaurativ-konservative Haltungen vertritt. Es sind dies in der Regel sehr viel ausgeprägter die verantwortlichen Veranstalter. Hinter allen ihren Einwänden steht vielleicht vor allem eine gewisse Ängstlichkeit, «todsichere» Erfolge einzutauschen gegen unsichere, mittelmäßige, oder eben Mißerfolge einmal in Kauf nehmen zu müssen. Eine noch so gut gemeinte Balanceübung in dieser Richtung kann aber nie und nimmer konkrete, mutige Konzepte einer wirksamen musikkulturellen Aktivität ersetzen. Konzept- und Ideenlosigkeit lassen sich nie durch «Gleichgewicht» aufwiegen. – Und gerade hier, bei der «Kunst der Programmierung», die heute offensichtlich mehr und mehr zu einer Seltenheit geworden ist – weil inkompatibel mit jener Haltung der Erfolgs-Pragmatik! –, stehen auch heute die besten Chancen offen, ein Publikum weiterzubringen, indem man ihm neue Horizonte eröffnet; wodurch es sich möglicherweise auch in seiner Zusammensetzung wandelt, vielfältiger gestaltet und dadurch um ein Vielfaches lebendiger erhält.

Erschienen unter dem Titel: «Zum Beispiel: Hundert Jahre Orchester», in: 100 Jahre Freiburger Philharmonisches Orchester, Freiburg/Br. 1987, S. 12. Für diese Ausgabe gekürzt.

5   Lehrer, Schüler, Freunde

Klaus Huber über seinen Lehrer Willy Burkhard

Seiner ganzen Unterrichtsweise lag ein liebevolles Verständnis zugrunde, wie ja auch seine Persönlichkeit und sein Wesen Liebe und Güte ausstrahlten. Daraus ergab sich in kurzer Zeit, besonders in kleinerem Kreise der Kontrapunkt- und Kompositionsklassen, eine vollkommen gelöste, heitere Atmosphäre, ein beinahe familiäres Verhältnis. Dieses wurde in den meisten Fällen gegenseitig und dauerhaft. Burkhard verfolgte den Weg vieler seiner Schüler noch nach Jahren mit großer Aufmerksamkeit und war auch in ganz privaten Angelegenheiten immer bereit, mit Rat und Urteil beizustehen. Wenn (wie das im Zuge der Zeit nicht anders zu erwarten war) manche von uns sich später in andere stilistische Strömungen begaben, hat das von *seiner* Seite aus jedenfalls das gute Einvernehmen nie im geringsten gestört.

Im Gegenteil muß betont werden, daß Burkhard bis zuletzt für alle noch so avantgardistischen Tendenzen und Experimente unsrerseits aufgeschlossen und zumindest intellektuell sehr dafür interessiert war, wenngleich ebenso feststeht, daß er dem Futurismus als einem «Glauben an uneingeschränkten Fortschritt» wohl aus einer tief religiösen Überzeugung heraus grundkritisch begegnete. (Er glaubte an eine breite, übergeordnete, alles erfassende Kontinuität der Entwicklung unserer Musik, in die sowohl die stärksten Elemente der Tradition wie die besten Kräfte des Immer-Neuen ebensogut eingehen werden, und damit auch an die Unvergänglichkeit und innerste Unwandelbarkeit ihres Wesens.)

Aus: Ernst Mohr (Hrsg.), «Willy Burkhard», Zürich 1957, S. 148

Den Dingen auf den Grund gehen

Von Hans Wüthrich-Mathez

Beharrliches Verfolgen einer Spur: Dies ist mir von dem vielen, das ich in den Jahren 1968–1972 bei Klaus Huber gelernt habe, das Wichtigste geworden. Wer bei Klaus Kompositionsunterricht nimmt, merkt bald einmal, daß er hier nicht mit Wissen abgefüllt und zu Können dressiert wird. Der entscheidende Impuls muß vom Studenten ausgehen. Erst so kommt der intensive Rückkopplungsprozeß zwischen dem Lehrenden und Lernenden in Gang. Hartnäckig treibt Klaus dann seine Studenten, die Fährte weiter zu verfolgen: das anfänglich bloß vage Geahnte durchzudenken, die Ideen klar herauszuarbeiten und aus diesen Ideen heraus das Material und die Prozeduren zur optimalen Verwirklichung zu entwickeln. Wer sich zu früh zufrieden gibt, wird von Klaus mit Fragen wieder aufgescheucht. Dabei achtet er streng darauf, daß der Student Widerständen nicht ausweicht, sondern sich ihnen stellt, sie sogar selber aufsucht oder selber schafft, sei es, um durch die Auseinandersetzung mit ihnen auf höhere Ebenen der Reflexion und Gestaltung zu gelangen, sei es, um die Eindimensionalität von Einfällen und geradlinigen Überlegungen zu brechen und dadurch die verschiedenen Facetten, Aspekte und Widersprüche eines musikalischen Gegenstandes oder Gedankens zu entdecken und freizulegen. All dies geschieht auf sehr behutsame Art. Selten kommt es vor, daß Klaus direkt kritisiert. Er fragt, fragt nach und steuert den Lauf der Dinge so, daß er, was ihm nicht paßt, vergißt oder übergeht, Ansätze aber, die er interessant findet, aufgreift, immer wieder zur Sprache bringt und sie so mit seiner Aufmerksamkeit umkreisend ins Zentrum des Bewußtseins und der Kommunikation rückt.

Es ist für Klaus wichtig, daß sich dieser Rückkopplungsprozeß zwischen Student und Lehrer nicht in einem hermetisch geschlossenen Kreis abspielt. Durch die Bildung von Klassen und die regelmäßige Realisation der entstandenen Arbeiten mit Interpreten aus derselben Hochschule erzieht er nicht nur seine Studenten zu Offenheit, Teamwork, Solidarität und Kommunikation. Er verschafft ihnen dadurch auch die Möglichkeit, die eigene Position gegenüber einer Pluralität von Meinungen zu überprüfen, zu erhärten oder zu korrigieren. Ein solches Eingebettetsein des Studenten in eine Umgebung, die den eigenen Bemühungen und Ideen grundsätzlich positiv gegenübersteht, sie aufgreift, unterstützt und «beantwortet», ist für die Entfaltung eines jeden einzelnen von größter Wichtigkeit. Der Erfolg, den Klaus mit seinem Unterricht hat, hängt sicher auch damit zusammen, daß er das, was er von seinen Studenten verlangt, in seinem Schaffen vorlebt: den Dingen auf den Grund gehen. Durch die Kompromißlosigkeit seines Vorgehens erreicht seine Musik eine ungewöhnliche Schärfe, bei der es schwerfällt, sich bequem zurückzulehnen. Nur wenige andere Komponisten führen mich mit ihrer Musik so weit hinaus an äußerste geistige Grenzen.

Brian Ferneyhough: Fanfare for Klaus Huber (Erstveröffentlichung)

104

Konzentration auf das Wesentliche

Von André Richard

Ein allgemeingültiges technisches Verfahren, klischeehafte Wendungen, fixierte oder normierte Idiome der Neuen Musik hat er bestimmt nie unterrichtet. Nichts könnte ihn als Lehrer leichter verärgern als die Haltung junger Komponisten, die von ihm fertige Rezepte erwarten. Da wäre man bei Klaus Huber an der falschen Adresse! Auch für bloße Agréments in der Musik würde er sich wohl kaum einsetzen.

Für viele beginnt schon nach den ersten Begegnungen mit Huber ein Prozeß der Auseinandersetzung, einer Neubeleuchtung ihres persönlichen Umfelds. Am Anfang des Unterrichts steht die Frage nach dem Warum und nach der klingenden Konsequenz des Geschriebenen. Die Suche nach klarster Formulierung der Gedanken und deren musikalischer Umsetzung ist ein Weg der Entwicklung und Reife, den Huber mit jedem seiner Schüler neu geht. Dies braucht Zeit, und diese Zeit nimmt er sich, so oft es ihm möglich ist. Stundenlang wird über vorgelegter Musik gesessen und diskutiert. Besonderes Augenmerk läßt er der Notation und deren Problemen zukommen; sie ist ein Teil der angestrebten klarsten Formulierung. Unermüdlich, über drei Jahrzehnte, unterrichtet Huber nunmehr mit den ihm eigenen Ansprüchen und einem wahrlich außergewöhnlichen Engagement.

Als Leiter des Instituts für Neue Musik in Freiburg i. Br. ist er mit der spezifischen Lethargie der Verwaltung direkt konfrontiert. Immer wieder geht es ihm darum, geschlossene Kreise zu öffnen und, wo das Denken festgefahren ist, zu durchbrechen. Seine Formulierungen in Briefen lassen keine Zweideutigkeit zu. Der Zusammenprall zwischen dem Künstler Huber und der Administration kann bisweilen hart sein. In seiner führenden Position hat sich Huber öfters uneigennützig und aus Solidarität für Dinge eingesetzt, die nicht unbedingt in seinem näheren Interessenkreis lagen. Es ging ihm eindeutig um die Sache, um das Suchen nach neuen Möglichkeiten, um die Verbesserung der Situation.

Daß bei härteren Auseinandersetzungen einige der Betroffenen ihm idealistische oder sogar utopische Züge vorwarfen, zeigt, daß Huber vor A-priori-Setzungen nicht kapituliert. Sein Engagement während seiner Amtszeit als Präsident des Schweizerischen Tonkünstlervereins wurde denn auch von vielen mißverstanden und hat zu grotesken und wenig ruhmreichen Anekdoten dieser Gesellschaft geführt. Lagen nicht auch hier die von ihm gestellten Ansprüche an Leben und Gesellschaft im Vordergrund?

In Hubers vielseitigem Engagement findet sich eine Konstante: das klare Wissen, worum es geht und wofür er sich einsetzt, sei dies auf religiöser oder – im weitesten Sinn – politischer Ebene. Ein prägnantes Beispiel dafür ist das Stück SENFKORN (1975) für Oboe, Violine, Viola, Violoncello, Cembalo und Knabenstimme. Die Texte stammen aus den SALMOS von Ernesto Cardenal (Psalm 36 und Jesaia, 11, 6–7). Sie werden von einem Knabensopran gesprochen und gesungen; die gesprochenen Texte sollen nach den Spielanweisungen in der jeweiligen Landessprache gesprochen werden.

Verlier' nicht die Geduld, wenn du siehst, wie sie Millionen machen. / Ihre Aktien sind wie das Heu auf den Wiesen. / Laß dich nicht beunruhigen von ihren Erfindungen – noch von ihrem technischen Fortschritt. / Den Führer, den du heute siehst, wirst du bald nicht mehr sehen. Du wirst ihn suchen in seinem Palast – und nicht finden. / Die neuen Führer werden Pazifisten sein und Frieden machen. (gesprochen; Cardenal) / Habitat lupus cum agno et pardus cum haedo accubat. Vitulus et leo simul morantur. (gesungen; Jesaia) / Die Grossmächte sind wie die Blumen auf den Wiesen und die Weltmächte wie Rauch (gesprochen; Cardenal) / et puer parvulus minat eos. (gesungen; Jesaia) / und Kuh und Bär befreunden sich und werfen beieinander ihre Jungen. / und Stroh frißt gleich dem Rind der Löwe. (gesprochen; Jesaia)

SENFKORN würde ich als eine der zartesten, intimsten und in einem gewissen Sinne auch als eine der zerbrechlichsten Kompositionen von Huber bezeichnen. Mit relativ einfachen musikalischen Mitteln und einer gezielten Wahl der Texte erreicht er eine unzweideutige Aussage. In seinem großangelegten Oratorium ERNIEDRIGT – GEKNECHTET – VERLASSEN – VERACHTET... erscheint SENFKORN eingebettet als zentraler fünfter Teil und wird in diesem Kontext zum noch stärkeren Bedeutungsträger. Ein Vergleich mit dem Zentralbild von Matthias Grünewalds Isenheimer Altar drängt sich auf. Hat hier Huber ähnlich wie Grünewald den Samen seiner tiefsten Überzeugung, wenn nicht seiner größten Hoffnung gesetzt? Wie dem auch sei (er würde sagen: «anyway») – Huber erscheint hier beispielgebend für musikalisches Engagement und für Konzentration auf das Wesentliche.

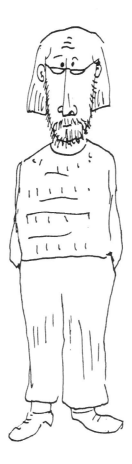

Klaus Huber, gezeichnet 1984 von seinem Schüler Igor Majcen

Wie Klaus Hubers Musik einem Studenten in den frühen sechziger Jahren erschienen ist

Von Roland Moser

In unmittelbarer Frische ist die erste Wahrnehmung seiner Musik gegenwärtig: «Steh doch auf», die helle Tenorstimme Eric Tappys aus dem Radiolautsprecher. Ein zartes Gespinst von Tönen, das mit eindringlicher Intensität unter die Haut geht.

Einer Generation angehörend, die gegen das Ende der fünfziger Jahre musikalisch zu Bewußtsein kam – auslösend für mich: 1958 die Aufführung von Strawinskys «Threni» –, in einer Umgebung, in der Maß und Mitte gepredigt und so in reger Geschäftigkeit Mittelmäßigkeit gefördert wurde, einer Generation angehörend aber auch, die das Neuste vermittelt bekam, als es schon nicht mehr so neu war – die Boulez-Schule begann bereits die ersten akademischen Schatten auf das frisch gewonnene Neuland zu werfen –, erfuhr ich das Erscheinen von Klaus Hubers Musik als ein Ereignis, das nicht zuerst die Musikgeschichte, sondern mich persönlich etwas anging. Uraufführung der SOLILOQUIA: Ich bin als Chorist im Innern des Klangkörpers. Die Zärtlichkeit des Gambentons zu Beginn, in der unheimlichen Stille, vor dem Schweigen des großen Orchesters und der hundert Choristenmäuler: welch eine Wirkung (aber eben: nicht ohne Ursache).

Was mich immer wieder gefangennahm: diese Nähe zum Ton, eben nicht bloß als einer Kategorie organisierbaren Materials, sondern als einem lebendigen Geschehen. Die Noten waren gedeckt, nicht mit Gold aus dem Keller der Nationalbank freilich, sondern durch eine wache Empfindlichkeit.

Wie kann ich heute jemandem meine Erschütterung über ein immer wiederkehrendes Bicinium aus vier Tönen beschreiben? Zwei große Sekunden, unten die fallende, schnell und ergeben vollzogen, oben die steigende, zögernd zunächst und dann lange verweilend auf der übermäßigen Quinte (oder war's doch eine kleine Sext?). Hier anknüpfend ließe sich wohl ein Buch über Klaus Huber schreiben. In der Erscheinung dieser vier Töne steckt vielleicht alles, vieles gewiß, aber noch mehr eines, vieles in einem (MOTETI CANTIONES, Intonatio).

Jetzt wäre über den Menschen Klaus Huber zu schreiben, aber vorher müßte ich noch erklären, warum ich nicht zu ihm in die

Schule ging. Das Umgangswort träfe am genausten: «Es war mir zu heiß.»

Die Partituren habe ich freilich gut studiert, aber wer liest aus den Noten, wie einem zumut ist, wenn am Ende der TENEBRAE beim langen Diminuendo einiger Glocken- und Paukenklänge die Wände des Konzertsaals sich auflösen, unendlich weiten Raum freigebend? Imitatoren hätten allerdings gewarnt sein sollen: Auch das war nicht ein guter Effekt, sondern Wirkung aus Ursache.

Kompositorische Parteinahme «nach bestem Gewissen»

Von Klaus Schweizer

Seltsame Szenerie an einem fast schon sommerlichen Maitag anno 1981, auf einem abgelegenen Waldweg am Abhang des Blauen-Massivs, nahe Badenweiler im Südschwarzwald, auf exakt halbem Wege zwischen den Wohnorten: ein Camping-Tischchen, viel zu klein fürs Ausbreiten der riesigen Partiturlichtpausen, darüber gebeugt (nicht unähnlich einem Hieronymus ohne Gehäus') der Komponist, seinem einzigen Zuhörer mit Engelsgeduld Anlage und Intention des nahezu fertiggestellten Oratoriums erläuternd.

Ein dringlicher Anruf war vorausgegangen. Für die Uraufführung von ERNIEDRIGT – GEKNECHTET – VERLASSEN – VERACHTET... am bedrohlich nahegerückten 11. Juni im Amsterdamer Concertgebouw sollte schleunigst noch ein Einführungstext abgeliefert werden, um den Hörern behutsames Geleit zu bieten in eine unerhörte Klangwelt, erdacht und riskiert von einem zutiefst betroffenen Zeitgenossen angesichts weltweiter Ausbeutung und Verelendung.

Ja, könnte denn nicht der Komponist selbst...? Huber konnte, wollte nicht. Wußte er im voraus, daß der Versuch, sich im momentanen Status geistigen, fast schon körperlichen Verwachsenseins zwecks distanzierter Kommentierung aus dem Werk herauszuzwängen, ihn die blanke Haut kosten würde? Schier unbegreiflich aber für den Aussenstehenden, vier Wochen vor der Aufführung: Noch war Satz VII, diese Vision eines Aussendens von Wellen kleiner und kleinster Hoffnungen hinaus in eine trostlose Welt, keineswegs zu Papier gebracht worden, noch waren hundert Details an der Partitur zu redigieren, tausend organisatorische Fragen zu klären, da war es Huber einen kostbaren halben Tag wert, sich der Last des Über-sich-selbst-schreiben-Müssens zu entledigen!

Ist aber ein Mindestmaß an Distanz gegeben, so vermag sich Klaus Huber sehr wohl zu Wort zu melden, stets als engagierter Verfech-ter, niemals als diplomatischer Balancekünstler. Kein brillanter Rhetor, wohl aber ein bedächtig wort- und satzzimmernder, stets anschaulich bleibender Sprecher und Schreiber in ureigener Sache, als Komponist – unaufdringlich, aber wohl spürbar – auch dort involviert, wo andere Themenkreise zur Diskussion anstehen.[1]

«Ich muß Geduld mit mir haben», so Huber nach einem Rundfunk-gespräch, quasi als Entschuldigung dafür, daß er sich Zeit beim Entwickeln seiner Gedankengänge lassen müsse. Auch im Komposi-torischen braucht er wohl immer wieder Geduld mit sich selbst. Geduld, die sich aber ganz zweifellos lohnt. Denn Hubers Dialektik, sich fast utopisch weit nach vorn zu wagen, sich dann aber zuweilen wieder mit dem gerade noch Notierbaren und Realisierbaren bescheiden zu müssen, hat zu etwas heutzutage recht Seltenem geführt: zu einer Musik, die sich trotz aller Intensität etwas Tasten-des bewahrt, die ohne die marmorne Glätte eines Opus perfectum auskommt, die aber nicht weniger zum Ziel hat als kompositorische Parteinahme «nach bestem Gewissen».

[1] Etwa im Referat «Musik für Orchester heute. Komponist und traditionelle Orche-sterformation» (Arbeitstagung «Sinfonie und Wirklichkeit», Graz 1974) oder bei der Beantwortung der «Fragen an den Komponisten» (Symposion «Bach im 20. Jahr-hundert», Kasseler Musiktage 1984)

Ausschnitt aus einer Zeichenstudie von Klaus Huber (Lehrerseminar Küsnacht, ca. 1942)

6   Visionen

Selbstbildnis aus dem Jahr 1944

Ende oder Wende: Wo ist Zukunft?

Warum und in welcher Absicht ich engagierte Musik schreibe

«...Und es fiel ein großer Stern vom Himmel, / der brannte wie eine Fackel / und fiel auf den dritten Teil der Wasserströme / und über die Wasserbrunnen. / Und der Name des Sterns heißt Wermut, ... / und viele Menschen starben von den Wassern, / weil sie waren so bitter geworden.»
«...Und ich sah einen Stern, gefallen vom Himmel auf die Erde, / und ihm ward der Schlüssel zum Schlunde des Abgrunds gegeben. / Und er tat den Schlund des Abgrunds auf; / und es ging auf ein Rauch aus dem Schlunde... / und es ward verfinstert die Sonne und die Luft / von dem Rauch des Schlundes.»
«...Und in jenen Tagen werden die Menschen den Tod suchen / und nicht finden; / werden begehren zu sterben, / und der Tod wird vor ihnen fliehen.»

Angst

Auch, wenn es mir nicht paßt, wenn ich zu träge, zu müde, zu zerstreut, viel zu beschäftigt bin, – auch, wenn es mir den Schlaf raubt, so müßte – muß ich hinhören... hinhören auf unser aller innerste Angst, auf die apokalyptische Angst vor der Zerstörung des Lebens auf unserer Erde.
Niemand behaupte vorschnell, daß diese Angst heute von einem reifen Menschen – wie auch immer – zu bewältigen sei.
Niemand sage: Wer fühlt sie denn schon?
Es bringt uns nicht wirkliche Erleichterung, schon gar nicht Befreiung, daß wir Urangst und Zeitangst massiv verdrängen, sie aus unserem Bewußtsein und – so gut das irgend geht – vor allem aus unserem Fühlen ununterbrochen auszulöschen versuchen.
Wir müßten sie annehmen und mit ihr leben.
Wir müßten uns dann bewußt werden über die doppelte Bedeutung von Zukunft für den Menschen: Die Menschheit hat zwar unbegrenzt Zukunft vor sich, aber die Möglichkeit des Endes besteht in der Gegenwart. In dieser Alternative unseres Seins oder Verderbens haben wir keine Zeit zu verlieren. Wir müssen unsere Ziele bekennen.

Brüderlichkeit

Auch, wenn es mir nicht passen sollte, wenn ich introvertiert, persönlich glücklich, allseits gesättigt, ohne ernste Probleme, ohne Zeit dafür bin, so muß ich hinhorchen auf Elend, Ungerechtigkeit, Unfreiheit, Armut, auf Intoleranz, Grausamkeit, Gewalt, Vergewaltigung der Machtlosen in dieser unserer Gegenwart.
Und zwar, damit ich handle, ausbreche, mich solidarisiere...
Es sind also zwei Arme des gleichen Prinzips – ich möchte lieber sagen: des gleichen Umfassenden –, die die Menschen zur Änderung ihres Bewußtseins bewegen können, sie zur weltweiten Solidarisierung mit den Elenden und Unterdrückten und damit zum Wandel des persönlichen wie des sozialen Lebens hinführen:
Die Prophetie von Endzeit – auch und gerade einer apokalyptischen – als dem Ziel der Geschichte. Indem diese die Menschen aufstört, beunruhigt, beginnen sie sich einander zu nähern im Bewußtsein, es sei keine Zeit zu verlieren...
Und dann: die Nächstenliebe, das Charisma des Bruderseins. Die Verantwortung aller gegen alle, eine wache Sensibilität der Mehrzahl aller Menschen – gegenüber allen Mißachtungen und Verletzungen der Menschenrechte, wo und unter welchen Umständen sie auch immer sich ereignen – wäre die Folge.
Damit aber wäre der Zeitpunkt näher gerückt, da die Tränen von aller Augen abgewischt werden sollen...
Es geht hier nicht um irgendwelche vage Utopien, sondern um das, was das Neue Testament ganz einfach «Reich Gottes» nennt; eine Endzeitverheißung also, die ebenso sicher bereits «mitten unter uns» besteht, und zwar in einer immer zunehmenden Gegenwärtigkeit.
Ich möchte betonen, daß es sich hierbei nicht um Mystizismus handelt, sondern um eine Auffassung von Zukunft, die in der neuen und neuesten Philosophie ihre – von anderer Seite überraschende – Bestätigung gefunden hat.
Weiter der christlichen Aussage folgend, wäre dieses «Reich Gottes» ganz sicher unter den Armen, den Macht- und Gewaltlosen, den Friedliebenden zu suchen...

Verantwortung

Habe ich vorhin die Verantwortung aller gegenüber allen das Charisma des Bruderseins genannt, so muß mich dieser Gedanke unvermeidlich weiterführen zur Verantwortung des Künstlers gegenüber der Gesellschaft.

Ich sehe diese Verantwortung in allererster Linie als eine Funktion des Gewissens.

Die Kunst ist fähig, das Bewußtsein der Menschen in einer Tiefendimension zu reflektieren, die – wenngleich unbegrenzt – gewisse menschliche Grenzen ahnen läßt. Sie hat eine «Spiegelfunktion» in dem Sinne, als sie nichts hervorbringen kann, was nicht schon irgendwo im Dunkeln schlummert. Gerade deshalb wirkt sie, seit urdenklichen Zeiten, ebenso bewußtseinserweiternd wie – da sie Wirklichkeit reflektiert – kritisch.

Die Musik, als flüchtigste aller Künste, ist aber am wenigsten von allen an jene Wirklichkeiten angebunden, die das tägliche Leben determinieren. Obwohl sie selbst sich von ebenso existentieller Wirklichkeit herleitet wie die anderen Künste – welcher Komponist wollte das im Ernst leugnen – ist ihr direkter Wirkungsbereich primär bewußtseinserweiternd, erst sekundär – wenn überhaupt – wirklichkeitsverändernd.

Da sich also Musik mit den Wirklichkeiten des täglichen Lebens viel weniger direkt solidarisieren kann als Wortkunst oder bildnerische Kunst, erreicht sie dies, streng genommen, überhaupt nur über ein Medium, sei es das Wort, seien es Persönlichkeitswerte des Interpreten, sei es dessen Gestik. Nicht zufällig also kann Musik – vom Augenblick an, wo dem Komponisten die Solidarisierung seiner Werke mit den alltäglichen Wirklichkeiten wichtig, ja zentral erscheint – auf eine sehr weitgehende Bindung an verschiedenartige außermusikalische Medien überhaupt nicht mehr verzichten. Allein schon die heutige Aktualität von «Szenischer Musik», «Musikaktion», «Instrumentalem Theater» müßte diesen Gedanken evident machen...

Deshalb meine ich, daß Musik – betrachtet man ihre eigenen, immanenten Möglichkeiten hinlänglich nüchtern – als Träger einer Ideologie – wie auch immer diese beschaffen sei – nicht dienlich sein kann.

Um das tägliche Leben der Menschen zu verändern, gibt es «tausend bessere Wege», Notwendiges im Dienste der Allgemeinheit zu tun und vor allem zu erreichen, als Musik zu komponieren.

Hierzu ein einziges, historisches Beispiel: Wie erstaunlich wenig revolutionäre Wirkung brachten und bringen doch die gerade in dieser Hinsicht exemplarischen Werke eines Beethoven hervor, trotz ihrer weltweiten Verbreitung. Sie wurden von der Gesellschaft

– nicht nur der bürgerlichen – aufgesogen und bleiben seither ein (meistens sehr passiver) ästhetischer Genuß, der ideologisch absolut indifferent ist. Dessen ungeachtet – und das möchte ich hervorheben – diente diese gleiche Musik der Selbstverwirklichung Beethovens als eines wahrhaft revolutionären Geistes.

Was vermag Musik?

Vereinfacht ausgedrückt: Musik ist viel eher dazu befähigt, menschliche Affekte auszulösen oder zu bestätigen, als sie es zu leisten vermag, Gesinnungen weiterzutragen oder zu verändern. Wir Komponisten mögen das nun bedauern, vielleicht gar darüber verzweifeln... Dennoch muß ich davon überzeugt bleiben, daß sich die Essenz dessen, was Musik ist, nicht beliebig umfunktionieren lasse. Es schiene mir deshalb für einen selbstkritischen Komponisten empfehlenswert, ein nüchternes Fazit aus seinen musikalischen Möglichkeiten zu ziehen und dann – aus diesen Einsichten heraus – nicht so sehr klassenkämpferisch als beharrlich und kompetent an der Erweiterung unseres Bewußtseins durch Musik weiterzuarbeiten. – Darauf werde ich zurückkommen müssen.

Mein Werk

Ich kann mich hier über die von mir postulierte Unmöglichkeit, sich im Kompositionsvorgang selbst ideologisch relevant zu engagieren, nicht ausführlicher äußern und will nur noch ergänzen, daß einer jeden Musik in Verbindung mit dem Wort eine Ideologisierung immerhin möglich war und ist.

Man könnte hinzufügen, je durchlässiger, also unselbständiger, auch kunstloser, ärmer eine Musik sei, desto klarer vermöge sich die gedankliche Textaussage im Hörer durchzusetzen (eigentlich eine viel zu alte Binsenwahrheit, die sich aber gerade heute, wo wir dauernd einem überbordenden Hang zu Simplifizierungen und Parallelismen nachgeben, leicht zu behaupten vermag...).

Nun zur «apokalyptischen Prophetie».

Mancher wird sich vielleicht fragen: Was soll – in diesem, einem doch immerhin aufgeklärten Zusammenhange, wo über sogenannte avantgardistische Musik endlich «zur Sache» gesprochen werden sollte – die Frage nach einer möglichen Prophetie von Endzeit?

116

Ich kann versichern, daß ich mich wesentlich zur Sache meines Werkes äußere – wesentlicher jedenfalls, als wenn ich versuchte, diese Musik zu erklären. Es geht um ein Bekenntnis. Meine Musik möchte, gerade durch dieses, den Hörer anrühren, erschüttern. Doch eben das bleibt – streng genommen – dem inneren Vermögen des einzelnen Hörers selbst überlassen...

Mit meinem Werk versuche ich, die Urangst der Menschheit vor einem Weltende durch die Mittel der Musik – meiner Musik – auszudrücken. Es ist also Ausdrucksmusik in einem sehr extremen und zugleich sehr allgemeinen Sinne.

Ich bin überzeugt, daß hier mein Engagement möglich und notwendig ist. Ich schreibe also eine extrem engagierte Musik nicht mit der Absicht, soziale Strukturen durch sie verändern zu wollen. Ich schaffe diese engagierte Musik, um durch sie das einfühlende Erleben und damit das Bewußtsein des Aufnehmenden durch den Choc und die Turbulenz der Aussage zu erschüttern und auf diese Weise zu verändern.

Ich muß wiederholen, daß ich nicht daran zweifle, es habe Musik eh und je die Möglichkeiten, die Kraft auch besessen, Bewußtsein zu erweitern oder – bescheidener ausgedrückt – das seelische Erleben einzelner zu beeinflussen...

Deshalb glaubte ich immer und glaube auch heute daran, daß Musik legitimiert sei, sich auf der Ebene von Religions- und Glaubensinhalten zu bewegen, vorausgesetzt, diese bleiben sehr allgemein. Das hieße, sofern sie eben keine Ideologien sind. –

Von da an ist Musik Bekenntnismusik.

Diese Aussage, weit genug verstanden, müßte bedeuten, daß wir uns einem neuen Humanismus nähern würden, der nicht mehr rein rational homozentrisch wäre, also nicht mehr bloß auf die minimale Bewußtseinslage des Menschen bezogen bliebe.

Wie ich das sehe, werde ich später kurz berühren.

Untergang

Seit Tausenden von Jahren haben sich Menschen der verschiedensten Kulturen vor einem plötzlichen apokalyptischen Untergang des Lebens auf der Erde gefürchtet.

Einzelne visionäre Gestalten haben diese Furcht in Worte zu fassen gesucht. Nicht nur bei den Persern, den Griechen, im Judentum – man denke an das Buch Daniel –, sondern auch bei nordischen

Völkern, auch in Indien finden sich erschreckend ähnliche Visionen über ein Welten-Ende. Für mich liegt das Erschütterndste in der Tatsache, daß weitaus die meisten dieser Prophetien im Welten-brand – im Verzehrtwerden des Lebens durch Feuer – das Ende der Zeiten voraussehen.

Die Apokalypse-Bücher des Johannes auf Patmos, denen ich den überwiegenden Teil der Texte meiner Komposition entnommen habe, müssen in der geraden Tradition der griechischen sibyllini-schen Weissagungen über das Weltende gesehen werden, mit denen sie übrigens bis in den genauen Wortlaut einzelner Textstellen übereinstimmen.

Die Johanneische Apokalypse hat das ganze Mittelalter hindurch einen schwer zu überschätzenden geistigen Einfluß auf die Christen-heit – vor allem Westeuropas – ausgeübt. Man denke nur an die Kreuzzüge, an die Symbolkraft der Stadt Jerusalem, an die Erwar-tung des Weltendes im Jahre 1000 und, noch einmal ebenso deutlich, um 1500, welcher sich auch das Judentum anschloss – nach kabbali-stischer Errechnung des Endes um 1534.

Die Berichte der Dürerzeit über Zeichen am Himmel: Erscheinun-gen kosmischer Kreuze, Verfinsterungen, über Mißgeburten, Feuer-, Blut- und Steinhagel usw., haben sicher dermaßen stark auf Albrecht Dürer eingewirkt, daß sein «Traumgesicht» vom Jahre 1525 – die zweite wesentliche Komponente meiner Texte – mitten in diese großen Zusammenhänge gesetzt werden muß.

Es ist deshalb sicher nur naheliegend, wenn ich in meinem Werk die dürersche Vision mit Texten aus der Johannes-Apokalypse in einen großen apokalyptischen Zusammenhang bringe.

Die aufgeklärten Jahrhunderte – vor allem das neunzehnte und beginnende zwanzigste – glaubten sich überlegen genug, um die Visionen des Grauens und Unterganges als abgelegten Zauber, als Ausgeburten verwirrter Gemüter in euphorischem – heute würde man sagen psychedelischem – Zustande abzutun...

Selbstzerstörung

Seit dem Zweiten Weltkrieg und spätestens seit dem Jahre 1945 (dessen Atompilz Dürer in seinem Traumgesicht-Aquarell um 420 Jahre formal vorausgenommen hat) dringt es immer unaufhaltsamer in unser rationalistisch-materialistisches Bewußtsein, daß es noch keine Zeit je gegeben hat, in welcher die Urangst vor der Zerstörung des Lebens auf unserer Erde begründeter war als heute... Aller-

118

Albrecht Dürers «Traumgesicht» aus dem Jahr 1525. Dieses Aquarell spielt für
Klaus Hubers Komposition . . . INWENDIG VOLLER FIGUR . . . und im hier abgedruck-
ten Aufsatz eine bedeutsame Rolle. Dürers Aufzeichnung unter dem Bild lautet:
«Im Jahre 1525 nach dem Pfingsttag in der Nacht zwischen dem Mittwoch und
Donnerstag habe ich im Schlafe diese Erscheinung gesehen, wie viele grosse Wasser
vom Himmel fielen und das erste traf das Erdreich ungefähr vier Meilen von mir mit
einer solchen Furchtbarkeit und einem übergrossen Geräusch und es zerspritzte und
ertränkte das ganze Land. Dabei erschrak ich so gar schwer, dass ich davon
erwachte. Dann fielen die anderen Wasser, und die da fielen, die waren sehr mächtig
und es waren deren viele, einige weiter, einige näher, und sie kamen so hoch herab,
daß sie scheinbar gleichmäßig langsam fielen. Aber als das erste Wasser, welches das
Erdreich traf, nahezu herabgekommen war, da fiel es mit einer solchen Geschwin-
digkeit, mit Wind und Brausen, und ich erschrak so sehr, daß mir, als ich erwachte,
mein ganzer Körper zitterte und ich lange nicht recht zu mir selbst kommen konnte.
Als ich aber am Morgen aufstand, malte ich es hier oben, wie ich es gesehen hatte.
Gott wende alle Dinge zum Besten!» Dazu Klaus Huber: «Dürer hat in seinem
Aquarell den Atompilz von 1945 um 420 Jahre formal vorweggenommen . . .»

119

dings auch in einer wesentlich veränderten, plötzlich hautnahen Form: als eine Angst vor der Selbstzerstörung der Menschheit.

Hierin ist nichts anderes als der Beginn einer radikalen Auflösung der Mythen jener großen Endzeit-Prophetien zu sehen, so will es mir jedenfalls scheinen. Und diese Entmythologisierung ist dringend notwendig. – Mit diesem Gedanken neigen sich die beiden Arme des gleichen Umfassenden einander wieder zu.

Wir dürfen nämlich nie vergessen, welche fast unbegrenzten Gefahren der Irrationalität, der Dämonie für das Bewußtsein des Einzelnen wie auch der Menschheit aus den Endzeit-Prophetien der Zerstörung direkt erwachsen sind. Dazu braucht man nur auf die grausigen Entartungen der Kreuzzüge, noch weit extremer auf jene unvorstellbares Elend und Entsetzen verbreitende Hybris des Wiedertäuferregimentes in der Stadt Münster in Westfalen unter Jan Bokelson sein Auge zu richten: auf ein Infernum, das vielleicht seinesgleichen sucht in der Geschichte der Menschheit. (Mit Münster und seinem Horror habe ich mich in der Zeit direkt vor Beginn meines Werkes eingehender befaßt.)

Die Parallele zum Infernum des nazistisch-faschistischen Deutschland fällt zu sehr auf, als daß ich sie auszuführen hätte... Es sei nur an den ominösen Begriff «Tausendjähriges Reich» erinnert... Man müßte wohl in beiden Fällen von einem massenhysterischen Prozeß sprechen... Dämmert da nicht etwas wie verdrängte Angst als äußerste Wurzel infernalischer Anmaßung herauf?

Eine möglichst vollkommene Entmythologisierung jeder Endzeitprophetie ist die direkte Konsequenz und damit die dringende Forderung an unsere Gegenwart. Und diese entscheidende Auflösung der Mythen hat wesentlich schon begonnen (ich bleibe streng bei der Sache): Als neugeschaffene Wissenschaften haben sich seit dem Ende des Zweiten Weltkrieges Futurologie und Friedensforschung mehr und mehr in den Dienst der Menschheit gestellt. Verschiedene bedeutende Philosophen der Gegenwart stützen sich seither auf ihre Ergebnisse.

Zukunftsforschung

In der Entstehung gerade dieser neuen Forschungszweige sehe ich nichts anderes als eine Konsequenz der – ich habe es schon gesagt – notwendigen Entmythologisierung unserer Zukunftsangst.

Die Futurologie ist in diesem Sinne nichts anderes als eine zeitgemäße Form der alten Prophetien, indem sie nämlich – allerdings unserer Gegenwart gemäß eben auf streng rationalen Wegen – angebahnte Entwicklungen und Prozesse in die auf uns zukommenden Jahrzehnte hinein verlängert.

Die Friedensforschung ihrerseits hat bereits heute schon zur Einsicht geführt, daß, wer den Frieden wirklich will, den Frieden vorbereiten muß... und nicht, wie die Mächtigen seit römischen Zeiten bis auf den heutigen Tag immer noch glauben oder doch zu glauben vorgeben: daß den Krieg vorbereiten muß, wer Frieden sucht.

Daß die Futurologie pessimistische, ja katastrophale Zukunftsperspektiven ausgeleuchtet hat, gerade auch das hat sie mit den meisten Prophetien vergangener Zeiten gemein. Und ebenso gemeinsam mit ihnen erhebt sie den Ruf, ja den Schrei:

Wehe, wehe euch allen, wenn ihr in eurem Tun nicht umkehrt... genauer: wenn ihr nicht die Gegenwart verändert.

Diese Forschungen intendieren auf intellektuellem Gebiet eine Erschütterung des menschlichen Bewußtseins, das die Not–wendenden Veränderungen der Realität durch aus ihm sprießende Handlungen dann schließlich erzwingt. Damit hat sich der Bogen geschlossen. Wir sind wieder beim Charisma des Bruder-Seins.

Fragen – Antworten

Wenn man mich fragen sollte: Warum verwenden Sie dann – anstelle von Texten aus der Futurologie oder der Friedensforschung – so veraltete Texte wie die Johanneische Prophetie oder Dürers Traumgesicht und außerdem – neben Englisch und altem Deutsch – auch noch tote Sprachen wie Altgriechisch und Lateinisch? Und – wenn schon – wo bleibt denn da die Textverständlichkeit?

...so müßte ich darauf zuerst sagen, daß ich, um mich musikalisch ausdrücken zu können, nach Dichtung suche, und zwar Dichtung, die umspannend und allgemein genug ist, meine Aussage zu tragen. Und gerade das halte ich – nach vollzogener Auflösung der Mythen, die durch eine entsprechende Auswahl, Gruppierung und Zuordnung möglich wird – für eine ganz wesentliche Eigenschaft der genannten beiden Texte: Sie dienen in pluralistischer, jedoch ebensosehr konzentrischer Weise dem «Anliegen» dieser Musik, indem sie sich gegenseitig in gleichem Maße durchdringen wie heben.

Zu ihnen hinzu treten an einer – allerdings entscheidenden – Stelle, als offener Gegenwartsbezug, einzelne Wortfetzen aus den Gesprächen jener Bomberbesatzung über Hiroshima.

Daß aber gerade jede offene Textverständlichkeit zurück zu einer erneuten Mythologisierung führen müßte, davon bin ich überzeugt.

Doch vielleicht könnte jemand wünschen, daß ich die fiktive Frage zur mangelnden Gegenwarts-Bezogenheit meiner Texte ganz anders auffassen sollte... Dann möchte ich darauf nur noch einmal sagen, daß meine Musik weder philosophieren noch ideologisieren will, daß ich im Gegenteil affektiv auszusagen, Ausdrucksmusik zu schaffen und diese mit allen Kräften hinauszuschreien bestrebt bin.

Ich selbst, ich kann die Angst vor dem Atomtod in mir nicht unterdrücken... Wenn ich Musik schaffe, irgendein Werk, ganz besonders dann, wenn ich also versuche, mich mit meinem ganzen Wesen auf das Wesentlichste zu sammeln: dann durchzieht diese Angst meine Existenz.

Wenn ich diese Musik niederschreibe, die eine Urangst ausdrückt, so will ich damit nichts anderes, als den Einzelnen – also uns alle – aufstören aus einer schon nahezu schizophrenen Selbstverständlichkeit, womit wir die Möglichkeit einer Selbstzerstörung des Menschengeschlechts und des Lebens auf unserer Erde hinzunehmen uns angewöhnt haben...

Diese Musik ist das Resultat meines Ringens mit unser aller Angst.

«...God should destroy them, that destroy the earth...»

Ich glaube daran, daß die junge Generation, daß die ganz Jungen am ehesten versuchen, affektiv mit dieser extremen Bedrohung zu leben. Ihre sehr direkte Sehnsucht nach Frieden, die sich nicht auf Umwege einläßt, ihre Feindschaft gegen alles, was Krieg heißt und nach Kriegshandwerk riecht, ihr primäres Mißtrauen gegenüber dem Etablierten, das schon viel zu lange stillsitzt, um den Anspruch auf Not-wendende Veränderungen noch glaubhaft vertreten zu können; ihre Ablehnung aller repressiven Machtballungen, ihre kategorische Weigerung, menschliche Unterschiede der Rasse, der Geburt oder des Standes anzuerkennen – positiv ausgedrückt: ihr Lebensgefühl der Brüderlichkeit –; und selbst ihre Hinneigung zur Armut, im Sinne einer neuen Armutbewegung, durchaus vergleichbar mit jenen großen Bewegungen des 12. Jahrhunderts, die von Italien ausgingen und dem mittelalterlichen Feudalismus einen Stoß zu versetzen immerhin die Kraft besaßen: Dies alles hängt aufs engste gerade damit zusammen, daß diese Jungen es versuchen, affektiv mit jener Bedrohung zu leben...

122

Hoffnung

Man mißverstehe es nicht als Arroganz – es ist nur ein persönliches Bekenntnis zu einem verwandten Glauben –, wenn ich mir erlaube, hier zum Schluß die Worte eines lateinamerikanischen Dichters zu zitieren, jenes Ernesto Cardenal, Revolutionär der frühen fünfziger Jahre, damals mit der Waffe in der Hand gefangen, gefoltert, Verfasser weltberühmter südamerikanischer Psalmen, später – als Pazifist – sich ausschließlich sozialen und karitativen Aufgaben zuwendend...: «Die Politik geht mich immer an. Aber ich sehe sie mit anderen Augen als früher.»

Und weiter: «Der Künstler war immer vollkommen in die Gesellschaft integriert. Aber nicht in die Gesellschaft seiner Zeit, sondern in jene der Zukunft. Der Künstler, der Dichter, der Gelehrte und der Heilige sind Mitglieder der Gesellschaft der Zukunft, welche bereits wie im Keim auf dem Planeten existiert, wenn auch zerstreut – unabhängig von Teilungen der politischen Geographie – in kleinen Gruppen, in Einzelnen, von Ort zu Ort. Als Dichter – in dem Maße, in dem ich Dichter bin –, als Priester, der ich zu sein versuche, und als Pazifist bin ich christlicher Anarchist und Gandhist; in der Politik fühle ich mich gut in diese Gesellschaft integriert, die die Zukunft näher bringt und den Prozeß des Fortschritts so schnell wie möglich vollbringen will – gegen die rückständigen Mächte.»

Über meine Komposition... INWENDIG VOLLER FIGUR...

Das Werk geht von folgender Klangdisposition aus:
– Vielfach geteilte Chorstimmen (es werden als Minimum 50 Sänge-rinnen und Sänger benötigt).
– Ein 4-Spur-Tonband, das ausschließlich auf der Basis von Chor-stimmen-, Posaunen- und Schlagzeugaufnahmen ausgearbeitet wurde. Es wird in drei Abschnitten zugespielt und erklingt über vier große in der Saaltiefe und -mitte angeordnete Lautsprechergruppen.
– Mit Chorklang und Tonband wird ein großer Orchesterapparat konfrontiert, der relativ viele Holz- und vor allem Blechbläser, eine durchaus beschränkte Anzahl Schlaginstrumente (in zwei Gruppen, seitlich vom Orchester), 2 Harfen und an Streichern 10 Bratschen und 8 Kontrabässe umfaßt. Die Violinen und Celli bleiben ausgespart.
– Eine größere Anzahl Einzelstimmen aus dem Chor – von denen sieben auch Mikrophone benützen – übernimmt wesentliche, zum

Teil eigentliche solistische Aufgaben. Die Lautsprecherverstärkung dieser Stimmen ist als akustisches Bindeglied zu den Klangveränderungen und Denaturierungen des Tonbandes gedacht, was allerdings weniger bei einer Radiosendung, um so mehr aber «live» im Saal sich auswirken kann.

– Die über eine unabhängige Lautsprechergruppe (zu beiden Seiten des Podiums) ausgestrahlten Einzelstimmen wie auch die vierspurige Tonbandwiedergabe werden aus der Mitte des Saales über ein Mischpult geregelt.

Wie aus dem Gesagten hervorgeht, bildet die Evokation von quadrophonischen und polyphonischen Raumwirkungen ein wesentliches Element dieses Werkes. Ich muß deshalb den Hörer darauf hinweisen, daß in einer Radiowiedergabe die Pluralität des Raumklanges leider auf eine einzige akustische Ebene zusammenschmilzt, welche durch die Stereophonie lediglich aufgeteilt in Erscheinung tritt.

Zum formalen Aspekt dieses Werkes:

Intensivste Beschäftigung mit der Johanneischen Apokalypse als Ganzem – im Hinblick auf eine formal-morphologische Analyse der Vision – hat die Form des Werkes wesentlich geprägt. Mich interessierte die Zeit-Morphologie dieser Vision zunächst ganz allgemein, noch ohne deren Inhalte oder Aussagen mit hineinzuziehen. Auf diese Weise gelangte ich zu einem – sozusagen höchst zentralen – Modellfall, der, wie ich glaube, Wichtigstes darüber auszusagen vermag, wie überhaupt sich Visionen im menschlichen Bewußtsein ereignen. Damit wurde mir einige Einsicht in die Problematik des Zeiterlebnisses in einem erweiterten Bewußtsein vermittelt. Erst kürzlich fand ich Bestätigung bei Vergleichen mit den Ergebnissen von Henri Michaux aus dessen bewußtseinserweiternden Selbstversuchen.

Gerade die Allgemeinheit meiner so gewonnenen formalen Erkenntnisse ermöglichte es mir, alle nach unterschiedlichen Kriterien ausgewählten und pluralistisch aufeinander bezogenen Textausschnitte – die keine zeitliche Sukzession mehr festhält – zu einem übergeordneten neuen, aber offen bleibenden «Zeitgebilde» zusammenzusehen, welches unvollständig bleibt und bleiben muß.

Die Apokalypse als Ganzes verschließt sich einer künstlerischen Bewältigung.

Am Ende meiner Partitur steht – unausweichlich, wie ich meine –

NON FINIS

Aus: National-Zeitung Basel, 30.3.1972. Abdruck eines Radiovortrags zur Erstsendung von ...INWENDIG VOLLER FIGUR ... bei Radio Basel am 20.12.1971.

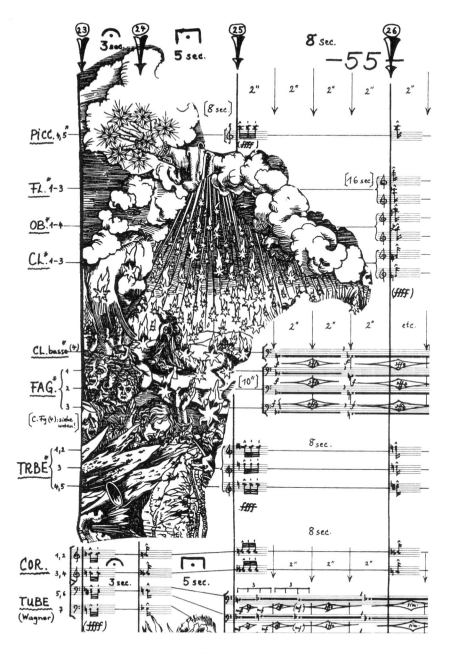

Ausschnitt aus ...INWENDIG VOLLER FIGUR...

Reinhold Schneider
Pazifist und Friedensstreiter zwischen den Fronten

Eine Rede

Sehr geehrter Herr Oberbürgermeister, sehr verehrte Anwesende, liebe Freunde und Kollegen,
den Kunstpreis der Stadt Freiburg zu empfangen, ehrt mich sehr und macht mir einigen Mut, weiterzuwirken in einer Stadt, die ich seit über zehn Jahren immer lieber gewonnen habe, obwohl ich gleichzeitig gerne zugebe, dass ich sie eigentlich kaum kenne... Genausowenig kenne ich den Schriftsteller, der diesem Preis seinen Namen gegeben hat. – Trotzdem, ich hänge an dieser Stadt und der Friedensliebe ihrer Menschen, deren einige sich sogar in einem Verein, der Freiburger Friedenswoche, zusammengeschlossen haben. In genau diesem Sinne fand ich, wenn auch erst in den letzten Tagen, einen Zugang zu den bohrend-gequälten Texten Reinhold Schneiders, die sich mit der Notwendigkeit des Kampfes für den Frieden in dieser Welt auseinandersetzen, jenes beinahe ketzerischen katholischen Schriftstellers, der als einer der ganz wenigen von dieser Seite aus es wagte, öffentlich gegen die Wiederaufrüstung der Bundesrepublik Stellung zu beziehen und sich immer und immer wieder gegen das Spiel mit der Möglichkeit eines Atomkrieges empörte.
Welch unüberbietbare Ironie zeigt sich doch darin, daß ausgerechnet dieser erzkonservative Mann, dessen politisches Denken dort, wo es sich artikuliert, fast in jeder Zeile zum Widerspruch reizt, in der Problematik um die Wiederaufrüstung der Bundesrepublik als Kommunist diffamiert wurde. Er hatte, weil er im Westen sich nicht mehr Gehör verschaffen konnte, zwischen 1949 und 1951 drei Aufsätze und einen offenen Brief an den Dichter Johannes R. Becher im Ostberliner Aufbau-Verlag erscheinen lassen. Ich zitiere aus einem der Aufsätze vom September 1951.
Schneider schreibt: «Unter den bestehenden Verhältnissen kann man im Westen nicht protestieren, ohne daß eine gewisse Propaganda sich dieses Protestes bedient. Ich habe in meinen Aufsätzen ein klares christliches Bekenntnis abgelegt und war froh, daß sie im Osten so gedruckt wurden, wie ich sie geschrieben habe...»
Und weiter: «Im Mai dieses Jahres setzten die Angriffe gegen mich ein, deren einzige Methode es ist, mit journalistisch-persönlicher Polemik die Probleme zu verdecken. Die Argumente meint man mit

126

einem Schlage abgetan zu haben, indem man den Sprecher des Kommunismus verdächtigt. Nun halte ich es allerdings nicht für recht, aus dem Wort ‹Kommunist› ein Schimpfwort zu machen...» 1949 hatte er im Aufbau-Verlag geschrieben: «...Das Gewissen wird, wenn nicht alles trügt, in den nächsten Jahren auf die schwersten, schmerzlichsten Fragen stoßen, vielleicht in ein Leiden gedrängt werden, das das hinter uns liegende übertrifft. – Die Frage der Weltstunde ist, ob es einen gerechten oder auch nur notwendigen Krieg gibt. Ich glaube es nicht. Damit will ich nicht urteilen über die Menschen vergangener Jahrhunderte und Jahrtausende. Wir sind aber durch unser Denken und Forschen, nicht zuletzt durch unsere Verfehlung in eine Phase gelangt, über die ein neues Gesetz gebietet. Krieg ist nicht mehr erlaubt; bräche er dennoch aus, so könnte er nur das Ergebnis haben, daß die Menschen im Abgrund beispiellosen Elends wieder der Frage begegnen, vor der wir heute stehen. Kein Krieg wird uns die Lösung ersparen, die wir jetzt vollziehen müssen und – vielleicht – können.»

Und 1951 schreibt er unter dem Titel «Was sollen wir tun?»: «In diesen Tagen dürfte die innere Entscheidung über die Wiederaufrüstung Deutschlands gefallen sein. Die Form, in der sie sich verwirklichen wird, steht offen. Auf den verpönten, sogar mit einer Strafandrohung belasteten Namen kommt es nicht an, sondern auf die Sache. Wie schwer das Problem wiegt, ist daran zu erkennen, daß fast alle Männer des öffentlichen Lebens, die sich darüber äußerten, sich in kurzer Zeit in erstaunliche Widersprüche verwickelten. Höchst merkwürdig ist, daß die Frauen, die diese Frage doch im Innersten bewegen muß, kaum etwas zur Debatte beigetragen haben. An einigermaßen klaren Worten ist fast nur der Protest Niemöllers stehengeblieben...»

Wie sieht der Dichter Reinhold Schneider die Bedrohung? Wie drückt ein Mann, der die Erkenntnis von der Unbenennbarkeit des Schreckens und der Vernichtung ernst zu nehmen gedachte, in seiner Sprache das Verhängnis und die noch verbleibende prekäre Hoffnung aus? Aus vielen, in etwas veränderter Form immer wiederkehrenden Passagen wähle ich einen Abschnitt aus seiner Düsseldorfer Rede von 1956:

«Albert Einstein, der sich diesem Sachverhalt wirklich stellte – während ihm andere begreiflicherweise entfliehen –, hat von der Erniedrigung des wissenschaftlichen Menschen gesprochen, der bewirkt, was er nicht will, seine eigene Freiheit vernichtet unter dem Gebote seiner Berufung und tötet, während er das Töten und die

Ausbildung dazu verabscheut. – Dem ist nichts weiter hinzuzufügen, als daß, nach antiker Anschauung, Licht als Tod erscheint; das ist ja Apollo, der die Sonnenpfeile der Pest auf die Völker sendet und die Musen schützt. – Wir leben bis heute von der Todesmöglichkeit. Und nun geht alles, alles darum, daß wir diese Todesmöglichkeit vernichten: Es müßte also etwas ganz Beispielloses geschehen. Wir müssen an etwas glauben, etwas zu tun versuchen, was gegen alle Wahrscheinlichkeit ist, was aller bisher bekannten Geschichte widerspricht: Das ist der ungeheure, zerbrechende, uns wieder ermutende Auftrag des Augenblicks.»

Es ist mir bewußt, daß ich mit dem Bisherigen zu einem kleinen Reinhold-Schneider-Porträt angesetzt habe, das diesen Dichter – für viele sicher in überraschender Weise – als unerschrockenen Vorkämpfer für den Weltfrieden und gegen jede atomare Aufrüstung zeigt.

Da es heute abend aber eigentlich um die Kunst gehen soll, werde ich Ihnen auch noch verraten, weshalb ich mich gerade in dieser Weise auf Schneider eingelassen habe.

Das Beispiel dieses Dichters vermag recht deutlich zu zeigen, wie unabgesichert, wie idealistisch die bürgerliche Vorstellung von der Freiheit der Kunst eigentlich ist, und wie schwer, ja unmöglich es ist, allein mit Mitteln der Kunst für die vielbeschworene Freiheit des Geistes zu kämpfen. – Man denke: Ein im Nachkriegsdeutschland hochberühmter, katholischer, konservativer Schriftsteller, den man damals doch gelesen haben sollte, gerät in Kommunismusverdacht nur einfach deshalb, weil er sich in öffentlicher Rede und Schrift ohne Wenn und Aber gegen die Aufrüstung und für den Weltfrieden einsetzte. – Es macht den Anschein, man habe Schneider damals so ziemlich mundtot gemacht, er habe die öffentliche Polemik nur gebrochen überstanden... Schneider hatte sich zwischen den Fronten bewegt und wurde aufgerieben. – Zur Zeit des Wirtschaftswunders las man ihn kaum mehr, warum sollte man auch? Immerhin erhielt er noch 1956 den Friedenspreis des Deutschen Buchhandels in Frankfurt. Aber hat man deshalb auf ihn gehört? –

Letztes Jahr gab's eine Bundestagsdebatte in Bonn, die ich in direkter Beziehung zu meinem Schneider-Porträt sehen muß. Sie erinnern sich sicher daran. – Es ging darum, den Künstlern vorzuwerfen, sie würden ihr Prestige in Sachen Kunst dazu mißbrauchen, in politischen Auseinandersetzungen Partei zu ergreifen. Sie würden sich z. B. in der Friedensbewegung zu stark und zu einseitig engagieren. Das ginge aber doch nicht an, weil Kompetenz in künstlerischen

Belangen doch noch lange nicht heißen könne, daß sich daraus eine politische Kompetenz ableiten lasse. –

Ich muß sagen, ich habe mich sehr gewundert, daß die Debatte nicht einen landesweiten Sturm der Entrüstung, mindestens unter den Künstlern, hervorgerufen hat. Haben wir uns denn mit einer solchen durchaus neuen Situation, in welcher uns öffentliche Zurechtweisung entgegenschlägt, wenn wir von unseren Rechten als Bürger Gebrauch machen, schon so gut wie abgefunden? Ich darf mich doch ernstlich fragen: Woher nähme denn ein Politiker seine Kompetenz, wenn nicht grundsätzlich aus dem Vertrauen in eine Demokratie, die jedem Bürger die Kompetenz zusichert, über politische Fragen, auch jene der atomaren Aufrüstung, selbst nachzudenken?

Zum Schluß noch ein Gedanke, der sich bei meinem kleinen Versuch einer Vergangenheitsbewältigung der fünfziger Jahre vielleicht aufdrängen mag: Schneider war wie gesagt ein hochberühmter, vielgelesener Poet. Heute liest ihn kaum jemand, ich kannte ihn auch nicht näher, bevor mir der heutige Preis verliehen wurde. Reinhold Schneider ist in gewisser Weise desavouiert, ohne daß man ihn liest. Ich nehme diesen Sachverhalt als Parabel und komme damit zur Notwendigkeit einer demokratischen kulturellen Praxis.

Ohne praktische Beschäftigung mit der zeitgenössischen Kunst, auch derjenigen, die nach dem Zweiten Weltkrieg entstand, auch der zeitgenössischen Musik also, kann es kein reifes kulturelles Bewußtsein geben. – Ich meine damit beileibe nicht, daß – im Falle der Musik – jedermann komponieren, jeder aktiv musizieren müsse. Aber es geht um eine offene, genügend breite Rezeptionsmöglichkeit, und diese ist heute wieder neu gefährdet.

Alle diejenigen, die für die Vermittlung von Gegenwartskultur verantwortlich sind, sollten sich bewußt werden, daß Kulturpflege nicht durch ein «Laisser-faire», ein vielleicht gutgemeintes, liberales Machen- und Wurstelnlassen sich sozusagen von selbst ergäbe. Es braucht im Gegenteil überall kompetente Leute, die sich für eine breite Kulturförderung aktiv einsetzen, sich exponieren, Leute, die sich mit Nachdruck und Ausdauer dafür stark zu machen bereit sind, daß das heute Geschaffene auch zur Kenntnis genommen werden kann. Es ist für eine allgemeine Kultur verhängnisvoll, wenn die Zwänge eines internationalisierten Kunstmusikmarktes letztendlich bestimmen, was gehört werden kann und was nicht. Oder wenn man die Augen verschließt vor der Aufgabe der Vermittlung, die Aufgabe an die Komponisten weitergibt und diese sich durch Selbstpropagierung selbst Gehör verschaffen sollen. –

Sehen Sie, irgendwie schäme ich mich doch ein wenig, wenn ich bedenke, daß die Stadt Freiburg in mir einen Komponisten zeitgenössischer Musik ehrt, dessen kompositorische Existenz in dieser Stadt bis heute kaum zur Kenntnis genommen wurde. – Man weiß vielleicht, wer ich bin, aber ich dürfte mich darin kaum irren, daß nur sehr wenige meine Musik kennen und sie gehört haben. Ich nehme das sicher nicht als einen persönlichen Affront, das hätte gar keinen Sinn, sondern lediglich als eine Bestätigung der allgemeinen Tatsache einer Gettosituation zeitgenössischer Kunst. Man müßte von einem real existierenden Getto insofern sprechen dürfen, als die Mauern ja keineswegs etwa nur von innen, d.h. vom produzierenden Künstler her, aufgerichtet wurden und werden. Es ist doch so, daß die Gesellschaft sich gegen das vermeintliche Gift zeitgenössischer Kunst immer dann – mit dickeren oder dünneren Mauern – zu schützen trachtet, wenn sie sich die volle Problematik einer bestimmten Gegenwart nicht eingestehen will.

Ein großer Dichter hat einmal gesagt: Die Künstler sind die Fühlhörner der Menschheit. Wäre es doch so, daß diese Menschheit etwas offener, sensibler auf die Sensibelsten einzugehen bereit wäre, sie nicht so ganz mit sich selbst allein lassen wollte... Abgetrennt verlieren Antennen ja wirklich jeden Sinn. –

Ich danke der Stadt Freiburg – auch im Namen meiner beiden jungen Kollegen, welche die Förderungspreise erhalten haben, für das durch diese Preisverleihung bekundete Vertrauen in die Notwendigkeit zeitgenössischer Musik und, so hoffe ich doch annehmen zu dürfen, auch einer möglichst breiten zeitgenössischen Musikpflege. Lassen sie mich abschließend noch mitteilen, daß ich den mit meiner Ehrung verbundenen Geldbetrag weitergeben möchte, und zwar an den Verein Freiburger Friedenswoche, an ein kulturelles Aufbauprojekt in Nicaragua und an das bundesdeutsche Notärzteteam in Afrika.

Dankwort bei der Verleihung des Reinhold-Schneider-Preises der Stadt Freiburg, am 24. Januar 1985.

7 Anhang

Biographie

30. 11. 1924	Geboren in Bern Humanistisches, später mathematisch-naturwissenschaftliches Gymnasium in Basel. Lehrerseminar in Küsnacht/Zürich, Oberseminar in Zürich. Danach zwei Jahre Primarschullehrer in Gibswil, Zürcher Oberland; daneben private Musikstudien, u.a. beim polnisch-jüdischen Violinisten Theodor Kleinmann.
1947–1949	Musikstudium am Konservatorium Zürich, mit Abschluß in Violine bei Stefi Geyer und in Schulmusik.
1947–1955	Ebenda Theorie- und Kompositionsstudium bei seinem Taufpaten Willy Burkhard.
1949/50	Musiklehrer an der Evangelischen Mittelschule Schiers, Graubünden.
1950–1960	Lehrer für Violine am Konservatorium Zürich.
1955/56	Studium an der Staatlichen Hochschule für Musik, Berlin, bei Boris Blacher.
1955/1957	UA* seiner Werke an der Internationalen Gaudeamus-Musikwoche in Bilthoven, Niederlande: DREI KLEINE VOKALISEN (55), LITANIA INSTRUMENTALIS (57).
1956	Schweizerische EA der DREI KLEINEN VOKALISEN am Schweizerischen Tonkünstlerfest in Amriswil.
1958	UA der Kammersinfonie ORATIO MECHTILDIS am Weltmusikfest der IGNM in Straßburg: Orchestre de chambre de Strasbourg unter Ernest Bour. Schweizerische EA des Werkes am Tonkünstlerfest 1959 in Winterthur mit dem Winterthurer Stadtorchester unter Victor Desarzens.
1959	Internationaler Durchbruch als Komponist mit der UA seiner Kammerkantate DES ENGELS ANREDUNG AN DIE SEELE am Weltmusikfest der IGNM in Rom. Das Werk erhält den 1. Preis für Kammermusik im von der IGNM Italien ausgeschriebenen Internationalen Kompositionswettbewerb, in dessen Jury u.a. Luigi Dallapiccola und Wladimir Vogel saßen. Preis der Conrad-Ferdinand-Meyer-Stiftung, Zürich.
1960	Bundesdeutsche EA der Kammerkantate AUF DIE RUHIGE NACHT-ZEIT am Weltmusikfest der IGNM in Köln. Sie erklingt auch am Tonkünstlerfest 1961 in Solothurn.
1960–1963	Lehrtätigkeit in Musikgeschichte und Literaturkunde am Konservatorium Luzern.
1961	Teilnahme an den Internationalen Ferienkursen für Neue Musik, Darmstadt, mit der UA der NOCTES INTELLIGIBILIS LUCIS für Oboe (Heinz Holliger) und Cembalo (Edith Picht-Axenfeld). EA des Werkes am Schweiz. Tonkünstlerfest 1962 in Genf.
1961–1972	An der Musikakademie der Stadt Basel, ab 1964 als Leiter der Kompositions- und Instrumentationsklasse; ab 1968, als Nachfolger von Boulez–Stockhausen–Pousseur, Leiter der Meisterklasse für Komposition.

1962	UA der SOLILOQUIA II (CUIUS LEGIBUS ROTANTUR POLI) am Weltmusikfest der IGNM, London. Solisten, Chor und Orchester der BBC unter Hans Rosbaud.
1964	UA der MOTETI-CANTIONES durch die «Società cameristica Italiana» in Basel. Das Werk erhält den 1. Preis im Kompositionswettbewerb der Stadt. Die SOLILOQUIA kommen in Zürich und Basel zur ersten vollständigen Aufführung unter Erich Schmid. Radiochor Zürich/Engadiner Kantorei (Martin Flämig), Solisten, Radioorchester Zürich.
1965	UA von ALVEARE VERNAT mit Aurèle Nicolet und den Festival Strings an den Luzerner Festwochen. 1966 schwedische EA am Weltmusikfest der IGNM mit Susanne Huber unter Mauricio Kagel.
	Italienische EA von CANTIO-MOTETI-INTERVENTIONES an der Biennale Venedig durch das Zürcher Kammerorchester unter Edmond de Stoutz.
1965/69/87	Mitglied der internationalen Jury für die Weltmusikfeste der IGNM.
1966/68/72	Leitung der Analysekurse und Seminare bei den Internat. Kompositionswettbewerben der Stichting Gaudeamus in Bilthoven/NL.
1966	Erste Reise nach Polen. EA von CANTIO-MOTETI-INTERVENTIONES am Warschauer Herbst durch das Orchestre de chambre Lausanne unter Victor Desarzens.
1967	UA von PSALM OF CHRIST am Brighton-Festival, England.
1968	Im Frühjahr auf Einladung des sowjetischen Komponistenverbandes erste Reise in die Sowjetunion (Moskau, Leningrad, Kiew), zusammen mit Constantin Regamey.
	UA von TENEBRAE am Warschauer Herbst/Weltmusikfest der IGNM, unter Mario di Bonaventura.
	Musikpreis des Kantons Bern.
1969	Huber gründet das Internationale Komponistenseminar, Alte Kirche Boswil (Schweiz), das er bis 1980 maßgeblich mitbestimmt.
1970	UA von TEMPORA durch Hansheinz Schneeberger und das Winterthurer Stadtorchester unter Francis Travis in Winterthur.
	Erste Japan-Reise. Am Schweizer Tag der Weltausstellung kommt TENEBRAE in Osaka zur japanischen EA mit dem Yomiuri Symphony Orchestra unter Charles Dutoit.
	Beethovenpreis der Stadt Bonn für TENEBRAE.
	Szenische UA der TENEBRAE am Stadttheater Basel als Ballett (Pavel Šmok/Francis Travis).
1971	UA von ... INWENDIG VOLLER FIGUR ... durch den Chor des Bayerischen Rundfunks (Josef Schmidhuber) und das Philharmonische Orchester unter Hans Gierster in Nürnberg. 1976 erlebt das Werk seine szenische Realisierung als Ballett unter dem Titel FIERY CHARIOT durch die Batsheva Dance Company in Tel Aviv und Jerusalem (Choreographie: Gene Hill Sagan).
1972	Österr. EA von ... INWENDIG VOLLER FIGUR ... am Weltmusikfest der IGNM in Graz.
1973	Von Januar bis Juli Stipendiat des Deutschen Akademischen Austauschdienstes in Westberlin. Arbeit an JOT, ODER ... (Philip Oxman) im Auftrag der Deutschen Oper Berlin. UA als Fragment in der Orangerie des Schlosses Charlottenburg durch Gerd Albrecht im Rahmen der Berliner Festwochen.

133

1973–	Klaus Huber wird als Nachfolger von Wolfgang Fortner an die Staatliche Hochschule für Musik Freiburg im Breisgau berufen. Leiter der Kompositionsklasse und des Instituts für Neue Musik. Als Assistenten bringt er seinen früheren Studenten Brian Ferneyhough aus Basel mit. Hubers Tätigkeit in Freiburg begründet seinen internationalen Ruf als Kompositionslehrer. Unermüdlich setzt er sich für die direkte Auseinandersetzung der jungen Komponisten mit der Praxis ein. Das Institut gewinnt durch die Gründung des Ensembles für Neue Musik, in welchem unter der Leitung von Arturo Tamayo Studenten die Musik der Gegenwart pflegen, mit Komponistenporträts und anderen avancierten Konzertveranstaltungen zunehmend an internationaler Bedeutung.
1975	Das Opernprojekt IM PARADIES ODER DER ALTE VOM BERGE (Alfred Jarry) kommt am Basler Stadttheater in der Regie von Erich Holliger unter Jürg Wyttenbach in seiner ersten Fassung zur Uraufführung.

UA von SENFKORN in Brescia. UA von SCHATTENBLÄTTER in Prag.

Französische EA von TENEBRAE am Festival International de Royan unter Michel Tabachnik.

1977	UA von ERINNERE DICH AN G . . . am Festival Internat. de Royan durch Fernando Grillo und das Ensemble M; UA von OHNE GRENZE UND RAND durch Eckart Schloiffer und das Rundfunkorchester Saarbrücken unter Hans Zender im Rahmen der Tage für Neue Musik Saarbrücken.
1978	Kunstpreis der Stadt Basel.
1979–1982	Präsident des Schweizerischen Tonkünstlervereins.
1981	UA von ERNIEDRIGT – GEKNECHTET – VERLASSEN – VERACHTET . . . (noch ohne Teil III) am Holland Festival im Concertgebouw Amsterdam unter Ernest Bour. (Chor und Kammerchor Radio Hilversum und Hilversumer Kamerorkest, Solisten.)
1983	Erste Reise nach Nicaragua. Treffen mit Ernesto Cardenal. Vorträge in La Habana, Cuba. ERNIEDRIGT – GEKNECHTET – VERLASSEN – VERACHTET . . . kommt an den Donaueschinger Musiktagen und in Basel zur integralen UA. Südfunkchor und Schola Cantorum Stuttgart, Solisten, Sinfonieorchester des Südwestfunks, Baden-Baden. Gesamtleitung Mathias Bamert. Mathias Knauer beginnt in Donaueschingen die Dreharbeiten zum Film EL PUEBLO NUNCA MUERE, der 1985 an den Solothurner Filmtagen Premiere hat.
1984	Dozent an den «Cursos latinoamericanos por la musica contemporanea» in Tatui, Brasilien. Zweite Nicaragua-Reise mit Vorträgen an der «Escuela Nacional de Musica», Managua. Gastprofessur an der McGill University in Montreal, Canada.
1985	UA von NUDO QUE ANSÍ JUNTÁIS am Weltmusikfest der IGNM in Rotterdam. UA von . . . VON ZEIT ZU ZEIT . . . (2. Streichquartett) durch das Berner Streichquartett am Festival Internat. de Metz. In Köln werden zum Jahr der Romanischen Kirchen CANTIONES DE CIRCULO GYRANTE, zu denen Heinrich Böll seine letzten Texte schrieb, in «Sankt Maria im Kapitol» zur UA gebracht. Gastprofessur an der Academia Chigiana in Siena. Reinhold-Schneider-Preis der Stadt Freiburg i. Br.

1986	Vorträge an den Universitäten von Tokyo, Nagoya und Hiroshima. Japanische EA von Moteti-Cantiones, Nudo que ansí juntáis, Senfkorn. UA der Protuberanzen unter Hans Zender in Hamburg und von Zwischenspiel für grosses Orchester unter Eberhard Kloke in Freiburg i. Br. Premio Italia für Cantiones de circulo gyrante.
1987	Gastprofessur am Conservatoire National Supérieur de Musique, Paris. Das Festival Extasis Genève bringt in der Cathédrale de St. Pierre Cantiones de circulo gyrante zur Schweizerischen EA. Weitere Aufführungen des Werks: Salzburger Festspiele; Festival Metz; Warschauer Herbst. 1988 Perugia. In einem weiteren Konzert dirigiert Arturo Tamayo (Orch. de la Suisse romande/Ensemble des Instituts für Neue Musik Freiburg) Tempora (Hansheinz Schneeberger), Ohne Grenze und Rand (Barbara Maurer) und Erinnere dich an G... (Thomas Fichter).
1989	Spes contra spem, ein Contra-Paradigma zur Götterdämmerung, kommt durch die Bochumer Symphoniker mit Solisten und Schauspielern am Düsseldorfer Schauspielhaus in der Regie von Werner Schröter unter Eberhard Kloke zur UA und geht auf Tournee nach Bochum, Köln und an die Wiener Festwochen. Kompositionskurse und Vorträge an den Musikhochschulen von Malmö und Stockholm. Japanische EA von Cantiones de circulo gyrante und Erinnere dich an G... in Yokohama, Vorträge am Goethe-Institut, Tokyo.
1990	UA von La terre des hommes durch das Ensemble InterContemporain unter Peter Eötvös in Paris. Ende Februar tritt Huber von seiner Lehrtätigkeit an der Staatlichen Hochschule für Musik in Freiburg zurück.

Klaus Huber ist Mitglied der Bayerischen Akademie der Schönen Künste, der Akademie der Künste Berlin und der Freien Akademie der Künste Mannheim.
Zu seinen Schülern zählen: Gerald Bennett, Martin Bergande, Elisha Davidsson, Hans Ola Ericsson, Reinhard Febel, Brian Ferneyhough, Andreas Fervers, Helmut Flammer, Ulrich Gasser, Daniel Glaus, Josef Haselbach, Detlef Heusinger, Toshio Hosokawa, Steve Ingham, Michael Jarrell, Dieter Jordi, Thomas Lauck, Ole Lützow-Holm, Heinz Marti, Wolfgang Motz, Vivienne Olive, Younghi Pagh-Paan, Bernfried Pröve, André Richard, Wolfgang Rihm, Uroš Rojko, Cornelius Schwehr, Martin Sigrist, Zvi Snunit, Jukka Tiensuu, Peter Jan Wagemans, Hans Wüthrich, Manbang Yi.

---

* UA = Uraufführung; EA = Erstaufführung

Werkverzeichnis

Verlagsabkürzungen

BHW   Breitkopf & Härtel, Wiesbaden
BV   Bärenreiter-Verlag, Kassel
EPL   Edizioni Pegasus, Locarno (Heinrichshofen)
ERM   Edizioni Ricordi, Milano und München
ETP   Editions Transatlantiques, Paris
Ms.   Manuskript
SSM   Schott's Söhne, Mainz
UE   Universal Edition, Wien

Abkürzungen der Instrumente

(alphabetisch)

a. c.	a cappella
BKlar	Baßklarinette
Blfl	Blockflöte
Cel	Celesta
Cemb	Cembalo
Eh	Englischhorn
el.	elektrisch
Fg	Fagott
Fl	Flöte
Git	Gitarre
Hf	Harfe
Hn	Horn
Kb	Kontrabaß
Klar	Klarinette
Klav	Klavier
Mand	Mandoline
Ob	Oboe
Ob.d'am.	Oboe d'amore
Org	Orgel
Pk	Pauke
Pos	Posaune
Sax	Saxophon
Schlzg	Schlagzeug
Str.	Streicher
Trp	Trompete
V	Violine
Va	Viola
Vc	Violoncello

ABENDKANTATE
für Baß, zwei Flöten, Viola, Violoncello und Cembalo (1952)
Text: Andreas Gryphius
Dauer: 9' (Ms.)

KLEINE TAUFKANTATE FÜR CHRISTOPH
für Sopran, Flöte, Viola oder Violine (1952)
Text: Bibel
Dauer: 5' (Ms.)

SONATA DA CHIESA (zurückgezogen)
für Violine und Orgel (1953)
Uraufführung: 1953 Küsnacht ZH
Dauer: 13' (Ms.)

CIACONA
per Organo (1954)
Uraufführung: 1955 Zürich
Dauer: 9' (Ms.)

PARTITA
per Violoncello e Cembalo (1954)
Uraufführung (1. und 2. Satz): 1954 Berlin
integrale Uraufführung: 1956 Radio Zürich
Dauer: 15' (BV)

SECHS KLEINE VOKALISEN
für Altstimme, Violine und Violoncello (1955)
Uraufführung: 1955 Bilthoven NL
Dauer: 7' (EPL)
Nebenfassung: SECHS MINIATUREN
für Klarinette, Violine und Violoncello (1963)
Uraufführung: 1963 Bern
Dauer: 7' (EPL)

CONCERTO PER LA CAMERATA
für sechs Instrumente (1954/55)
Besetzung: Blfl, Fl, Ob, Cemb, V, Vc
Uraufführung: 1956 Basel
Dauer: 13' (EPL)
Nebenfassung: CONCERTO PER LA CAMERATA
für sechs Instrumente (1965)
Besetzung: 3 V, Va, Vc, Cemb
Uraufführung: 1965 Zürich
Dauer: 13' (Ms.)

MARIENHYMNUS: „QUEM TERRA"
für kleinen einstimmigen gemischten Chor, Soli (Alt und Tenor) und sechs
Instrumente (1955)
Text: Venantius Fortunatus
Besetzung: Fl, Fg, Trp, Hf, Va, Kb
Dauer: 15' (BV)

IN MEMORIAM WILLY BURKHARD
für Orgel (1955)
Uraufführung: 1956 Radio Zürich
Dauer: 7' (BV)

DER ABEND IST MEIN BUCH
für Altstimme und Klavier (1955)
Text: Rainer Maria Rilke
Dauer: 2' (Ms.)

DAS KLEINE LIED (zurückgezogen)
zweimal sieben Duette für Altstimme und Viola (1955)
Text: Regula Gräfin von Sparr
Dauer: 17' (Ms.)

DAS TE DEUM LAUDAMUS DEUTSCH
für drei- bis fünfstimmigen gemischten Chor a cappella und Einzelstimmen (Alt,
Tenor I, Tenor II) (1955/56)
Text: Thomas Müntzer und Michael Weiße (um 1530)
Uraufführung: 1962 Zürich
Dauer: 17' (BV)

DREI LIEDER NACH GEDICHTEN AUS DEM MITTELHOCHDEUTSCHEN
für tiefe Stimme und Klavier
Text: Münchner Handschrift, von Kürenberg, Dietmar von Eist
Dauer: 8' (Ms.)

PSALM 131 (zurückgezogen)
für dreistimmigen Chor a cappella (1956)
Dauer: 3' (Ms.)

INVENTIONEN UND CHORAL
für Orchester (1956)
Besetzung: 2122/422-/Pk, Schlzg/Cel/Hf/Str.
Uraufführung: 1961 Radio Zürich
Dauer: 14' (SSM)

ANTIPHONISCHE KANTATE
für ein- bis vierstimmigen gemischten Chor, großen Unisono-Chor und
Orchester (1956, Partitur verschollen)
Text: Psalm 136
Uraufführung: 1956 Zürich
Dauer: 11' (Ms.)

Nebenfassung: ANTIPHONISCHE KANTATE
für ein- bis vierstimmigen gemischten Chor, großen Unisono-Chor,
Blechbläser, Schlagzeug und Orgel (1956/57)
Text: Psalm 136
Besetzung: -/121-/Pk, Schlzg/Org
Uraufführung: 1958 Wetzikon ZH
Dauer: 11' (Ms.)

ORATIO MECHTILDIS
Kammersinfonie für Kammerorchester mit Altstimme (1956/57)
Text: Mechthild von Magdeburg
Besetzung: 2-22/21--/Pk, Schlzg/Cel/Str.
Uraufführung: 1958 Straßburg
Dauer: 25' (BV)

LITANIA INSTRUMENTALIS
für Orchester (1957)
Besetzung: 2222/212-/Pk, Schlzg/Str.
Uraufführung: 1957 Bilthoven NL
Dauer: 11' (BV)

DES ENGELS ANREDUNG AN DIE SEELE
Kammerkantate für Solo-Tenor, Flöte, Klarinette, Horn und Harfe (1957)
Text: Johann Georg Albini
Uraufführung: 1959 Rom
Dauer: 11' (UE)

ZWEI SÄTZE
für sieben Blechbläser (1957/58)
Besetzung: 2221
Uraufführung: 1959 Lausanne
Dauer: 7' (SSM)

TERZEN-STUDIE
für Orchester (1958)
(Variationen über die Thematik des letzten Satzes von Brahms' Violinkonzert)
Besetzung: 2122/2221/Schlzg/Cel/Str.
Uraufführung: 1958 Radio Zürich
Dauer: 3' (Ms.)

AUF DIE RUHIGE NACHT-ZEIT
für Sopran, Flöte, Bratsche und Violoncello (1958)
Text: Catharina Regina von Greiffenberg
Uraufführung: 1959 St. Gallen
Dauer: 12' (BV)

DREI SÄTZE IN ZWEI TEILEN
für Bläserquintett (1958/59)
Uraufführung: 1959 Zürich
Dauer: 17' (BV)

NOCTES INTELLIGIBILIS LUCIS
für Oboe und Cembalo (1961)
Uraufführung: 1961 Darmstadt
Dauer: 15′ (SSM)

MOTETI-CANTIONES
für Streichquartett (1962/63)
Uraufführung (1. Teil): 1963 Zürich
integrale Uraufführung: 1964 Basel
Dauer: 25′ (SSM)
daraus: „CANTIO-MOTETI-INTERVENTIONES"
für Streichorchester (1963)
Uraufführung: 1965 Gstaad
Dauer: 14′ (SSM)

LA CHACE
für Cembalo solo (1963)
Uraufführung: 1965 Erlangen
Dauer: 5′ (SSM)

SOLILOQUIA
Oratorium für Soli (Sopran, Alt, Tenor, Bariton, Baß), zwei Chöre und
großes Orchester (1959/64)
Text: Aurelius Augustinus
Besetzung: 3333/4321/Pk, Schlzg/Cel/Klav, Org, Hf/Str.
Uraufführung (ohne Teile 5 und 6): 1962 Bern
integrale Uraufführung: 1964 Zürich
Dauer: 51′ (BV)
daraus:„CUIUS LEGIBUS ROTANTUR POLI"
für Soli (Sopran, Baß), Chor und großes Orchester (1959/60)
Text: Aurelius Augustinus
Besetzung: 3333/4321/Pk, Schlzg/Cel/Klav, Org, Hf/Str.
Uraufführung: 1962 London
Dauer: 17′ (BV)

IN TE DOMINE SPERAVI
für Orgel (1964)
Uraufführung: 1965 Kassel
Dauer: 6′ (BV)

ALVEARE VERNAT
für Flöte und zwölf Solo-Streicher (1965)
Besetzung: 43221
Uraufführung: 1965 Luzern
Dauer: 13′ (SSM)
Nebenfassung: „ALVEARE VERNAT"
für Flöte und Streichorchester (1967)
Uraufführung: 1967 Südwestfunk Baden-Baden
Dauer: 13′ (SSM)

MUSIK ZU EINEM „JOHANNES-DER-TÄUFER-GOTTESDIENST"
für Gemeindegesang, Kirchenchor, Orgel, Orchester ad lib. (1965)
Uraufführung: 1965 Männedorf ZH
(Ms.)
daraus: „CANTUS CANCRICANS"
für Orgel (1965)
Uraufführung: 1965 Männedorf ZH
Dauer: 4' (BV)

ASKESE
für Flöte, Sprechstimme und Tonband (1966)
Text: Günter Grass
Uraufführung: 1966 Boswil
Dauer: 6' (BV)

TO ASK THE FLUTIST
für Flöte allein (1966)
Uraufführung: 1967 Basel
Dauer: 7' (BV)

SABETH
für Altflöte, Englischhorn und Harfe (1966/67)
Uraufführung: 1967 Radio Zürich
Dauer: 7' (SSM)
Nebenfassung: „SABETH"
für Altflöte, Viola und Harfe (1966/67)
Uraufführung: 1972 Wetzikon ZH
Dauer: 7' (SSM)

PSALM OF CHRIST
für Baritonsolo und acht Instrumente (1967)
Text: Psalm 22
Besetzung: Klar, BKlar, Hn, Trp, Pos, V, Va, Vc
Uraufführung: 1967 Brighton, England
Dauer: 11' (SSM)

GRABSCHRIFT
in memoriam Zvi Snunit
für Bariton und sieben Instrumente (1967)
Text: Nelly Sachs
Besetzung: AFl, Klar, Hn, Pos, Pk, Va, Vc
Uraufführung: 1967 Basel
Dauer: 2' (Ms.)

JAMES JOYCE CHAMBER MUSIC
for harp, horn and chamber orchestra (1966/67)
Besetzung: 2121/-11-/Pk/Str.
Uraufführung: 1970 Kiel
Dauer: 14' (BV)

TENEBRAE
for großes Orchester (1966/67)
Besetzung: 3343/4341/Pk, Schlzg/Cel/el. Org/Str.
Uraufführung: 1968 Warschau
szenische Uraufführung (Ballett): 1971 Basel
Dauer: 18′ (SSM)

DER MENSCH
für tiefe Stimme und Klavier (1968)
Text: Friedrich Hölderlin
Dauer: 1′ (Ms.)

ASCENSUS
für Flöte, Violoncello und Klavier (1969)
Uraufführung: 1969 Lenzerheide-Valbella
Dauer: 16′ (SSM)

KLEINE DEUTSCHE MESSE
für Chor, Gemeinde, Orgel, Streichtrio und Harfe (1 Schlagzeug ad lib.) (1969)
Uraufführung: 1969 Luzern
Dauer: 16′–18′ (BV)
Nebenfassung: KLEINE DEUTSCHE MESSE
für Chor, Gemeinde und Orgel
(1 Schlagzeug ad lib.) (1969)
Dauer: 8′ (BV)
Nebenfassung: KLEINE DEUTSCHE MESSE
für Chor und Orgel (1 Schlagzeug ad lib.) (1969)
Dauer: 7′–8′ (BV)
Nebenfassung: KLEINE DEUTSCHE MESSE
für Chor a cappella (1 Schlagzeug ad lib.) (1969)
Uraufführung: 1970 Zürich. Dauer: 7′–8′ (BV)
daraus: DREI KLEINE MEDITATIONEN
für Streichtrio und Harfe (1969)
Dauer: 8′–10′ (BV)
Aufführungen mit lateinischem Text tragen den lateinischen Titel:
MISSA BREVISSIMA

TEMPORA
Konzert für Violine und Orchester (1969/70)
Besetzung: 2121/2211/Pk, Schlzg/Cel/Cemb, Hf, Mand, Git/3 V, 3 Va, 2 Vc, 1 Kb
Uraufführung: 1970, Winterthur
Dauer: 25′ (SSM)

. . . INWENDIG VOLLER FIGUR . . .
für Chorstimmen, Lautsprecher, Tonband (4spurig oder 2×2spurig) und
großes Orchester (1970/71)
Texte: Johannes-Apokalypse (deutsch, englisch, lateinisch, griechisch),
Albrecht Dürer
Besetzung: 5444/4551, 3 Wagnertuben/Pk, Schlzg/2 Hf/10 Va, 8 Kb
Uraufführung: 1971 Nürnberg

Szenische Uraufführung (Ballett): 1976 Tel Aviv
Dauer: 25' (SSM)
daraus: „TRAUMGESICHT"
für Männerstimme allein (1971)
Texte: Johannes-Apokalypse VIII, IX
Uraufführung: 1972 Zürich
Dauer: 4' (SSM)

HIOB 19
für Chorstimmen und 9 Instrumentalisten (1971)
Text: Hiob 19
Besetzung: Hn, Trp, Pos, 2 Schlzg, 3 Vc, Kb
Uraufführung: 1973 Kassel
Dauer: 10' (SSM)

EIN HAUCH VON UNZEIT I
Plainte sur la perte de la réflexion musicale – quelques madrigaux pour flûte seule
ou flûte avec quelques instruments quelquonques... (1972)
Uraufführung: 1972 Wiesbaden
Dauer: ca. 12' (BHW)

EIN HAUCH VON UNZEIT II
Plainte sur la perte de la réflexion musicale pour piano à une main et demie...
(1972)
Uraufführung: 1972 Nyon
Dauer: ca. 12' (BHW)

EIN HAUCH VON UNZEIT III
für 2–7 Spieler (variable Besetzung) (1972)
Dauer: ca. 14' (BHW)

EIN HAUCH VON UNZEIT IV
für Sopran (mit Akkordeon ad lib.) (1976)
Text: Hegel, Max Bense
Dauer: ca. 10' (BHW)

EIN HAUCH VON UNZEIT V
für Gitarre (Einrichtung: Cornelius Schwehr)
Dauer: ca. 12' (BHW)

EIN HAUCH VON UNZEIT VI
für Akkordeon (Einrichtung: Hugo Noth)
Dauer: ca. 12' (BHW)

EIN HAUCH VON UNZEIT VII
für Kontrabass (Einrichtung: Fernando Grillo)
Dauer: ca. 10' (BHW)

... AUSGESPANNT ...
Geistliche Musik für Baritonstimme, fünf Instrumentalgruppen, Lautsprecher,
Tonband (2×2 Spuren) und Orgel (1972)
Text: zusammengestellt vom Komponisten unter Verwendung von:
Juan de la Cruz, Job, Joachim de Fiore, Quirinius Kuhlmann,
Teilhard de Chardin u. a.
Besetzung der Instrumentalgruppen (ohne Dirigent):
1. Va, Va da Gamba, Git, Hf, Kb, Schlzg
2. 3 Klar, 3 V
3. 3 Fl, 3 Va
4. 3 Hn, 3 Vc
5. Ob, Fg, Trp, Pos
Uraufführung: 1972 Bern
Dauer: 17'–20' und mehr (SSM)

JOT, ODER WANN KOMMT DER HERR ZURÜCK
Dialektische Oper (1972/73...)
Text: Philip Oxman,
deutsche Fassung: Kurt Marti und Dietrich Ritschl
Besetzung: JOT (Bariton), GE (Tenor), LEIT (Dirigent, Sprechrolle), MISS
(Sopran), gem. Chor
3232, Sax/3421/Schlzg/el. Org, Hf, el. Git/Str./Tonband
Uraufführung der ersten Fassung (Fragment): 1973 Berlin
Dauer: ca. 80' (SSM)

TURNUS
für einen Dirigenten, einen Inspizienten, Sinfonieorchester und Tonband
(1973/74)
Besetzung: 5434/6541/Pk, Schlzg/Klav, Org (el. Org)/Str./Tonband (4spurig oder
2×2spurig)
Uraufführung: 1974 Frankfurt am Main
Dauer: 22' (SSM)

IM PARADIES ODER DER ALTE VOM BERGE
Fünf schematische Opernakte über einem großen Orchester (1973/75)
Text: Alfred Jarry, deutsche Fassung von Eugen Helmlé
Besetzung: Aladin (Pantomime und Tonband), Dschingis-Khan (Baß), Marco
Polo (lyr. Bariton), Belor (lyr. Sopran), Astrologe (hoher Tenor), Albanus
(falsettierender Baß), Alau (Schauspieler), gem. Chor ad lib.
Instrumentalsolisten auf der Bühne: Fl, Ob, Klar, Pos, Hf, Schlzg, Va, Kb
Orchester: 5434/6541/Pk, Schlzg/Klav. el. Org/Str.
Uraufführung der ersten Fassung: 1975 Basel
Dauer: 90' (Ms.)

SENFKORN
für Oboe, Violine, Viola, Violoncello, Cembalo und Knabenstimme (Sopran)
(1975, in memoriam Luigi Dallapiccola)
Text: Ernesto Cardenal und Jesaja
Uraufführung: 1975 Brescia
Dauer: 9' (ERM)

144

SCHATTENBLÄTTER
für Baßklarinette, Violoncello und Klavier
oder Baßklarinette und Klavier / oder Violoncello und Klavier / oder Klavier
allein (Titel dann: «Blätterlos») (1975)
Uraufführungen: Fassung für Baßklar. und Klavier: 1975 Prag
Originalfassung: 1976 Boswil; «Blätterlos»: 1976 Boswil
Dauer: 10′ (ERM)

TRANSPOSITIO AD INFINITUM
für ein virtuoses Solocello (auf Anregung von Mstislav Rostropovich) (1976)
Uraufführung (Abschnitte I und II): 1976 Zürich
integrale Uraufführung: 1976 La Chaux-de-Fonds
Dauer: 8′ (SSM)

ERINNERE DICH AN G...
für Kontrabaß und 18 Instrumentalisten (1976/77)
Besetzung: 1131/3-1-/Pk, 2 Schlzg/Hf, Git/3 Va
Dauer: 22′ (SSM)

... OHNE GRENZE UND RAND...
für Viola und kleines Orchester (1976/77)
Besetzung: 321-/23--/Schlzg/Hf, Git/3 V, 2 Vc, Kb
Dauer: 13′ (SSM)

OISEAUX D'ARGENT...
pour flûte seule ou/et deux flûtes/trois flûtes (1977)
Uraufführung: 1977 Paris
Dauer: var. (ETP)

LAZARUS I/II
Brosamen für Violoncello und Klavier (1978)
Uraufführung: I 1978 Spiez, II 1978 Basel
Dauer: 6′ (ERM)

ICH SINGE EIN LAND, DAS BALD GEBOREN WIRD...
für 17 Instrumentalisten und einfaches Tonband (1978/79)
Besetzung: 212-/11--/2 Schlzg/Klav, Git/2 V, Va, 2 Vc, Kb
Uraufführung: 1979 Genève
Dauer: 12′ (ERM)

BEATI PAUPERES I
für Flöte, Viola, Klavier und kleines Schlagzeug (1979)
Uraufführung: 1979 Bern
Dauer: 6′ (ERM)

BEATI PAUPERES II
Kontrafaktur für kleines Orchester und 7 Einzelstimmen (ad lib.) (1979)
Besetzung: 3121/31--/Schlzg/Klav, Git/Str.
Dauer: 12′ (ERM)
Nebenfassung: wie oben plus separaten a. c.-Chor

Text: 2 Motetten von O. Lasso
Uraufführung: 1979 München
Dauer: 12′ (ERM)

SONNE DER GERECHTIGKEIT
  funktionale Musik für einen Gottesdienst: «Die Prophetie des Jeremias» (1979)
  Besetzung: Gemeindegesang, Orgel, 2 Chöre, Bariton solo, verschiedene Spre-
  cher(innen), 3 Blechbläsergruppen: 3 Trp, Pos/5 Pos/5 Pos, Pk, Schlzg, geschla-
  gene Materialien
  Uraufführung: 1980 Riehen
  Dauer: var. (Ms.)

ERNIEDRIGT – GEKNECHTET – VERLASSEN – VERACHTET . . . (1975/78–81/82)
  für Soli (Mezzosopr., Tenor/Sprecher, Baßbariton, Knabenstimme/Sopr.), 16
  Einzelstimmen (4 S, 4 A, 4 T, 4 B), Chor (40–60), Orchester (50 Musiker in bis
  zu 7 Gruppen), Tonbänder, Mikrophone (ad lib. mit Gate-Schaltung), Video-
  Tape oder Projektion, 5 Dirigenten (Hauptdirigent, 3 Nebendir., Chordir.)
  Texte: Ernesto Cardenal, Florian Knobloch, Carolina Maria de Jesus, George
  Jackson
  Besetzung: 4, 2, 4, 2/3, 4, 4, 1/Pk und Schlgz (5–6 Spieler)/Git, Mand, Klav,
  Cemb/Str. (5, –, 4, 4, 3)
  Uraufführung: (ohne Teil 3): 1981, Holland Festival, Amsterdam; integral: 1983,
  Donaueschingen
  Dauer: 70′ (ERM)

SEHT DEN BODEN, BLUTGETRÄNKT . . . (1983)
  für 14 Instrumente 1 (fl. alto) 1, 1, 1/1, 1, 1 –/Klav, Schlzg/Str. (1, 1, 1, 1, 1)
  Uraufführung: Berlin 1983
  Dauer: 4′ (ERM)

NUDO QUE ANSI JUNTAIS . . . (1984)
  für 16 Solo-Stimmen in drei Gruppen (3 S, 2 A–3 T, 2 B–S, 2 A, T, 2 B)
  Texte: Teresa de Avila, Pablo Neruda
  Uraufführung: 1985, Rotterdam
  Dauer: 14′ (ERM)

. . . VON ZEIT ZU ZEIT . . . (1984/85)
  2. Streichquartett
  Uraufführung: 1985, Metz
  Dauer: 22′ (ERM)

CANTIONES DE CIRCULO GYRANTE (1985)
  für Soli (Sopr., Alt, Bariton, Sprecher), Chor und 14 Instrumentalisten (Solo-
  Kontrabaß/Ob [Ob. d'am., E. h], Baßklar, Trp, 2 Pos, Hf, Git, Orgelpositiv, 3
  Schlzg, Viola, Kb)
  2 Dirigenten (Chordirigent, Cantica-Dir.)
  (Raummusik für 3 Gruppen und 5 Einzelspieler)
  Texte: Hildegard von Bingen (lateinisch) und Heinrich Böll
  Uraufführung: 1985, Köln
  Dauer: 41′ (ERM)

146

PROTUBERANZEN, DREI KLEINE STÜCKE FÜR ORCHESTER (1985/86)
I Die Enge des Marktes, II Implosion, III Stäubchen von Licht
Besetzung:
a) für simultane*)/gesamte Auff.:
3 (Picc, Fl, Fl alto), 3 (2 Ob, C. i.), 3 (Klar, Bassetthorn, Kl. basso), 3 (2 Fg, C.
Fg)/4, 2, 3, –/Pk und Schlzg (4 Spieler)/Str. (16, 14, 12, 10, 8)
b) für (nur) sukzessive Auff.:
2 Fl (1. auch Altfl, auch Picc), 1 Ob, 1 C. i., 1 Klar (auch Bassetthorn), 1
Baßklar., 1 Fg, 1 C .Fg/2, 1, 2, –/Pk und Schlzg (3–4 Spieler)/Str. (mindestens:
6, 6, 4, 4, 2; beide 5-Saiter)
Uraufführung: (sukzessiv) 1986, Hamburg
(simultan und sukzessiv) 1986, Freiburg/Br.
Dauer: sukzessive Auff.: 11′, simultane Auff.: 6′, gesamte Auff. 17′ (ERM)
*) die drei Stücke können auch simultan, d. h. zeitlich überlappend aufgeführt
werden. Eine ausgearbeitete Gesamtpartitur (Montage) liegt vor.

PETITE PIÈCE (1986)
für drei Bassetthörner (oder ad lib. 3 Klarinetten in A)
Uraufführung: 1986, Gelsenkirchen
Dauer: 4′ (ERM)

FRAGMENTE AUS FRÜHLING (1987)
für Mezzosopran, Bratsche, Klavier
Text: Fragmente aus Bruno Schulz «Der Frühling» (in memoriam Karol Szyma-
nowski und Bruno Schulz)
Uraufführung: 1987, Katowice
Dauer: 6–7′ (ERM)

SPES CONTRA SPEM (1986/88–89)
(ein Contra-Paradigma zur «Götterdämmerung»)
für 5 Singstimmen (2 Sopr., Mezzosopr., Ten., Baß-Barit.), 5 Sprecher-Schau-
spieler/innen (2 Frauen, 3 Männer), großes («Wagner»-)Orchester, Tonbänder
und digitale Zusatzgeräte
Texte: Elias Canetti, Georg Herwegh, Rosa Luxemburg, Friedrich Nietzsche,
Reinhold Schneider, Dorothee Sölle, Richard Wagner, Peter Weiss u. a.
Uraufführung: 1989, Düsseldorf
Dauer: ca. 50′ (ERM)

Vorspiel (1988): Kapital contra Proletariat
Text: Rosa Luxemburg
für 3 Sängerinnen (2 Sopr., Mezzosopr.), 5 Sprecher-Schauspieler/innen
(2 Frauen, 3 Männer), kleines Orchester (6 Hn, Trp, Pos, Kb-Tu, C.Fg, 4
Schlzg, 6 Vc, 6–8 Kb.) und Tonband (2 Kanäle)/(Digitaluhr über Monitoren;
Octapad)
Dauer: 4′45″

I Festspiel (1988/89): Theatervorstellung und Wahnvorstellung
Montage nach/aus Richard Wagners Götterdämmerung und Kaisermarsch auf
Texte von Richard Wagner, Georg Herwegh, Friedrich Nietzsche, Elias Canetti
u. a.
für 5 Singstimmen (s. o.), 5 Sprecher-Schauspieler/innen (s. o.), großes
(«Wagner»-)Orchester und Tonband (4 Kanäle)
Dauer: ca. 17'

II Zwischenspiel (1986)
für großes Orchester, mit einem Sänger/Sprecher ad libitum (Text: R. Wagner)
Uraufführung: 1987, Freiburg/Br.
Dauer: ca. 7'

III Umkehrung (1988)
für 5 Sänger/innen (2 Sopr., Mezzo, Ten., Baß-Barit.), 5 Sprecher-Schauspieler/
innen (2 Frauen, 3 Männer) und Orchester (3, 3, 3, 3 – 4, 3, 3, 1 – Piano, 4 batt.,
timp., – archi)
Text: Peter Weiss
Dauer: ca. 7'

IV Spes contra Spem (1988/89): Die Wirklichkeit des Kommenden hat sich
gespalten
für 5 vokal-instrumentale Duos (Sopr. – Fl. alt./Sopr. – c. ingl./Mezzosopr. –
Bassetthorn/Ten. – Hn/Baß – Pos), 5 Sprecher/innen (2 Frauen, 3 Männer),
11 Solostreicher (5 V, 2 Va, 2 Vc, 2 Kb) und Orchester
Texte: Reinhold Schneider, Dorothee Sölle, Elias Canetti
Dauer: ca. 13'

Anhang: Begleitmusik zu einem Liebestod
für Sopran und großes Orchester in zehn Gruppen
(nicht aufgeführt)
Dauer: ca. 4'30"

Des Dichters Pflug (1989)
Streichtrio, in memoriam Ossip Mandelstam
Uraufführung: 1989, Witten
Dauer: 8' (ERM)

La Terre des Hommes (1987/88/89)
für Mezzosopran, Kontratenor/Sprecher und 17 Instrumentalisten (Fl, Ob, Cl,
Clb, Cor, Trp, Trbo, Git, Piano, 3 Perc [Cimbalum], 2 V, Va, Vc, Kb)
(in memoriam Simone Weil)
Texte: Simone Weil, Ossip Mandelstam
Uraufführung: 1990, Paris
Dauer: ca. 40' (ERM)

Bibliographie

A) Texte von Klaus Huber
Auswahl, soweit greifbar

Auszüge aus zwei Briefen an Ernst Mohr über Willy Burkhard, in Ernst Mohr: Willy Burkhard, Zürich 1957, S. 147–150.

SOLILOQUIA, in: Schweizerische Musikzeitung (= SMZ) Nr. 103, 1963, S. 45f.

Programmhefttext zu SOLILOQUIA, Konzert des Basler Kammerorchesters vom 17. 10. 1964, in: Alte und Neue Musik II, 50 Jahre Basler Kammerorchester, Zürich 1977, S. 230.

Musik und Wald, in: Schweizerische Zeitschrift für Forstwesen, Nr.12, 1964.

Programmhefttext zu ORATIO MECHTILDIS, Konzert des Basler Kammerorchesters vom 22. 4. 1967, in: Alte und Neue Musik II, Zürich 1977.

Krzysztof Penderecki: «Passio et mors Domini nostri Iesu Christi secundum Lucam», in: Katholische Kirchenmusik 93 (1968), S. 73–76.

Programmhefttext zu TENEBRAE, Konzert des Basler Kammerorchesters vom 11. 1. 1969, in: Alte und Neue Musik II, Zürich 1977.

Die Musik in der Fremde der Gegenwart, in: Melos Jg. 36/1969, S. 241.

Programmhefttext zu ALVEARE VERNAT, Konzert des Basler Kammerorchesters vom 31. 1. 1970, in: Alte und Neue Musik II, Zürich 1977.

Programmhefttext zu TEMPORA, Konzert des Basler Kammerorchesters vom 20. 6. 1970 (44. IGNM-Weltmusikfest), in: Alte und Neue Musik II, Zürich 1977.

Gedanken zum 70. Geburtstag und zum 15. Todestag von Willy Burkhard (Radiovortrag vom 17. 4. 1970 im Studio Zürich), in: SMZ Jg. 110/1970, S. 212.

Ein Beethoven-Preis, in: Neue Zeitschrift für Musik, 29. 11. 1970.

Hommage à Igor Strawinsky, in: SMZ Jg. 111/1971, S. 198f.

Rede zur Verleihung des Bonner Beethovenpreises, in: Melos Jg. 38/1971, S. 40.

«Kunst und Selbstverwirklichung» mit Anhang über JAMES JOYCE CHAMBER MUSIC, Radio DRS, Zürich, Januar 1972.

Ende oder Wende: Wo ist Zukunft? Warum und in welcher Absicht ich engagierte Musik schreibe, in: National-Zeitung Basel, 30. 3. 1972.

Versuch über Größe – Schönbergs Selbstverständnis aus seinen Briefen; Vortrag zum 100. Geburtstag Arnold Schönbergs, Tonhalle Zürich, 22. 9. 1974 (unveröffentlicht).

Programmhefttext zu . . . INWENDIG VOLLER FIGUR . . ., Konzert des Basler Kammerorchesters vom 28. 4. 1973, in: Alte und Neue Musik II, Zürich 1977.

«Neue Musik als Bekenntnismusik – Musik in der Kirche von heute?», Vortrag am Jahrestreffen der Evang. Kirchenmusiker Baden-Würthemberg, Herrenalb/Schwarzwald, 16. 8. 1978.

Über TENEBRAE, Gesprächskonzert «Der Komponist und sein Publikum», Zürich, 12. 10. 1975. Unveröffentlichte Aufzeichnung von Radio DRS Zürich (zitiert in Flammer, E.H.: Form und Gehalt . . ., vgl. u.)

Musik – nötig zum Leben, in : Radius, Jg. 24/1979, S. 32.

Kunst als Flaschenpost? Rede zur Verleihung des Kunstpreises der Stadt Basel, in: SMZ, Jg. 119/1979, S. 1.

Warum schreibe ich Musik?, in: Radius, Juni 1979.

. . . das Heraufkommende im Alten freilegen, in : HiFi Stereophonie, Jg. 18/1979, S. 441.

Je propose: pas de musique pure, für ein Programm «Carte blanche» von Musique Vivante, Paris, Mai 1980.

Abschiedsadresse des zurücktretenden Präsidenten des Schweizerischen Tonkünstlervereins bei der Generalversammlung des STV am 22. 5. 1982, in: SMZ, Jg. 122/1982, S. 291.

Zum Stellenwert des zeitgenössischen Komponisten innerhalb eines allgemeinen Musiklebens (Wie sieht ein Komponist die Funktionen von Musikverleger und Verwertungsgesellschaft im Sinne einer breiteren Öffentlichkeit der zeitgenössischen Musik?), Vortrag am 3. Komponisten-Symposion des Interessenverbandes Deutscher Komponisten, Mainz, 26. 5. 1983;
in: Europäische Gegenwartsmusik – Einflüsse und Wandlungen, Hrsg. E. Haselauer, Schott, Mainz, 1984;
Interface (Swets u. Zeitlinger b. v. – Lisse), Vol. 17 (1988, Hrsg. Marc Leman u. Herman Sabbe, pp. 151–165;
Musica Realtà, Milano, ed. Luigi Pestalozza, 1985 (?) (gekürzt);
Passages (frz., unter dem Titel «Beethoven mécène» (gekürzt), Hrsg. Max Nyffeler, No. 6, Zürich 1988.

Einführung zu ERNIEDRIGT – GEKNECHTET – VERLASSEN – VERACHTET. . . im Programmheft der Donaueschinger Musiktage 1983.
Ebenso in: Programmheft des Basler Kammerorchesters, Basel, 17. 10. 1983.

«Hommage à Bach au 20ᵉ Siècle», Referat in: Bericht über das Symposion «Bach im 20. Jahrhundert», Hrsg. Kurt von Fischer, Kasseler Musiktage 1984, Kassel 1985; und: (französisch) in: Dossier Klaus Huber, «Entretemps», No. 7, Paris, Dezember 1988.

ERNIEDRIGT – GEKNECHTET – VERLASSEN – VERACHTET . . ., Konzept für eine szenische Realisierung, August/Oktober 1984 (unveröffentlicht).

Um der Unterdrückten willen, gegen die Verdinglichung des Menschen, Beitrag zum Buch: Not-Wendigkeiten. Aufsätze vor dem Abgrund. 1985; auch in: MusikTexte 9/1985, S. 5, und in «Entretemps» No. 7, Paris, Dezember 1988, unter dem Titel «L'ébranlement de la conscience».

Reinhold Schneider: Pazifist und Friedensstreiter zwischen den Fronten. Dankwort bei der Verleihung des Reinhold-Schneider-Preises der Stadt Freiburg am 24. Januar 1985, in: Badische Zeitung, Januar 1985.

Meine Musik in unserer Zeit, Vortrag gehalten am IRCAM, Paris, 28. 5.1985, franz. (unveröffentlicht).

Zu einzelnen Werken (ASCENSUS, DER MENSCH, EIN HAUCH VON UNZEIT III, CANTIONES DE CIRCULO GYRANTE), in: Klaus Huber Portrait, Programmheft der Veranstaltung der Kölner Gesellschaft für Neue Musik vom 8. und 10. 11. 1985.

Zu DREI KLEINE STÜCKE FÜR ORCHESTER, PROTUBERANZEN, in: Programmheft des philharmonischen Staatsorchesters, Hamburg, April 1986.

Einige Überlegungen zur Situation des Kunstschaffenden und zum Schaffensprozeß, in: Programmheft der Wittener Tage für neue Kammermusik, Witten 1986.

Ein Plädoyer für die Lebensnotwendigkeit von Kammermusik . . ., (Faksimile), in: Programmheft zum Westfälischen Musikfest 1986, Gelsenkirchen.

Über geistliche Musik heute – Musik als Befreiung und Widerstand, Aufsatz (deutsch, mit engl. Übersetzung), für die Sophia-University, Tokyo; September 1986 (unveröffentlicht).

Läßt sich eine Tätigkeit wie Komponieren unterrichten?, im Programmheft zum Musikfest Freiburg-Köln der Kölner Gesellschaft für Neue Musik, 2. 12. 1986.

DREI KLEINE STÜCKE FÜR ORCHESTER, PROTUBERANZEN, Vorbemerkungen mit detaillierter kompositorischer Analyse, 1987, (unveröffentlicht).

CANTIONES DE CIRCULO GYRANTE und Postscriptum für Heinrich Böll, in: Programmheft zum Rheinischen Musikfest, Köln, 1987 (Faksimile).

Zum Beispiel: Hundert Jahre Orchester, in: 100 Jahre Freiburger Philharmonisches Orchester, Freiburg i. Br., 1987.

Zeit-Komposition, -Dekomposition, -Implosion (. . . VON ZEIT ZU ZEIT. . .), Vortrag, Darmstädter Ferienkurse, 6. 8. 1988 (unveröffentlicht).

Marginalien zu CANTIONES DE CIRCULO GYRANTE (italienisch), in: Quaderni Perugini di Musica Contemporanea Nr. 20, September 1988;
auch in: Quaderni di Musica Nuova, Nr. 7, Torino, Oktober 1988, S. 111–115.

Postscriptum zur Entstehung von SPES CONTRA SPEM, in: Programmheftbeilage, Köln, 27. 3. 1989.

Zu Giacinto Scelsis 2. Streichquartett, K. H.'s Von Zeit zu Zeit, George Crumbs «Black Angels». Einführung zum Studio-Konzert des Bayerischen Rundfunks, Musica viva, 1. 6. 1989 (unveröffentlicht).

B) Interviews mit und Aufsätze über Klaus Huber
Auswahl, soweit greifbar

Bachmann, Guido: Auf der Suche nach dem verlorenen Paradies: Beilage zum Programmheft Basler Theater 1975, Nr. 9, 3. März, und Basler Nachrichten: Analysen und Aspekte der Zeit.

Bärtschi, Werner: Musik der Entfremdung – Entfremdete Musik, Überlegungen zum Komponieren am Beispiel einer Partitur Klaus Hubers, in: Neuland 2 (hsg. von Herbert Henck), Köln 1982, S. 134.

Briner, Andres: Klaus Hubers SOLILOQUIA, in : SMZ Jg. 104/1964, S. 369.
Die Reise ins Ungewisse. Ein Versuch der Annäherung an das Schaffen von Klaus Huber, in: SMZ Jg. 114/1974, S. 611.
Huber, Klaus, in: New Grove Dictionary of Music and Musicians, Vol. 8, London 1980, Sp. 754–755.

Dibelius, Ulrich: Klaus Huber, in: Neue Musik II 1965–1985, Piper, München 1988, S. 206–212, und in: Neue Musik I, 1945–1965, Piper, München 1966.

Eggebrecht, Hans Heinrich: Ich singe ein Land, das bald geboren wird; Laudatio für Klaus Huber, Reinhold-Schneider-Preis 1985, unter dem Titel: «Weil es ein besseres Leben gibt», in: Badische Zeitung, 25. 1. 1985.

Fassbaender, Peer: Klaus Hubers Invention über IN DICH HAB ICH GEHOFFET, HERR, für Orgel, in: Musik und Gottesdienst, Jg. 18/1964, S. 184.

Flammer, Ernst Helmuth: Form und Gehalt (II). Eine Analyse von Klaus Hubers TENEBRAE, in: Melos/Neue Zeitschrift für Musik, Jg. 4/1978, S. 294.

Garda, Michela: Tempo e redenzione in Klaus Huber, in: Quaderni di Musica Nuova, Nr. 2, Torino 1988, S. 95–110; dort auch Biographie, Werkverzeichnis, Bibliographie und Diskographie.

Galli, H.: Hubers Soliloquia, in: Musica sacra Jg. 85/1965, S. 55.

Gasser, Ulrich: Klaus Hubers Senfkorn, Informatives, Analytisches und Spekulatives, in: SMZ Jg. 118/1978, S. 142.

Häusler, Rudolf: Das Paradies des Alten vom Berge, in: National-Zeitung Basel, 28. 2. 1975.
Aladins Zaubergarten . . ., in: National-Zeitung Basel, 5. 3. 1975.

Heister, Hanns-Werner: Ein reiches Werk an einem langen Weg. Die Musik Klaus Hubers, Deutsche Welle Köln (Michael Härting), 26. 10. 1984.

Kaltenecker, Martin: Une musique symbolique, in: Entretemps Nr. 7, Paris 1988.

Keller, Kjell H.: Tempora, Konzert für Violine und Orchester von Klaus Huber, in: Melos Jg. 40/1973, S. 165.
Aspekte der Musik von Klaus Huber, Diss. Bern 1976 (Ms.).

Kirchberg, Klaus: Aus Verzweiflung Hoffnung keltern, in: Stuttgarter Zeitung, 8. 3. 1989.
Gegen alle Hoffnung hoffen, in: Badische Zeitung, 1. 3. 1989.

Knauer, Matthias / Muggler, Fritz: Die Avantgarde in der Schweiz, in: Österreichische Musikzeitung Jg. 24/1969, S. 165.

Knauer, Matthias / Pauli, Hansjörg: Gespräch über die Filmversion von Klaus Hubers Erniedrigt – Geknechtet . . ., in Dissonanz/Dissonance Nr. 2/1984, S. 7.

Koch, Gerhard R.: Augen, Ohren und Herzen öffnen wollen. Der Komponist Klaus Huber, in: Klaus Huber Porträt, Programmheft zur Veranstaltung der Kölner Gesellschaft für Neue Musik e.V. vom 8. und 10. 11. 1985; auch in: Musikrevy 2/1989, Stockholm (schwed.).
Ernst und Verantwortlichkeit. Der Komponist Klaus Huber, in: Programmheft des Philharmonischen Staatsorchesters, Hamburg, 6./7. 4. 1986.

Lienert, Konrad Rudolf: Es hat nie ein Paradies und ein Schloss gegeben, in: Tages-Anzeiger, Zürich, 6. 3. 1975.

Meyer, Thomas: Hildegard von Bingens «Ordo virtutum» und Klaus Hubers Cantiones de Circulo Gyrante, Sendung Radio DRS Zürich, 17. 12. 1988.

Muggler, Fritz: Das Porträt: Klaus Huber, in: Melos, Jg. 41/1974, S. 339.
Klaus Huber: Soliloquia Sancti Aurelii augustini, in: Schallplattentext zu Grammont, CTS-P 24-1/-2.

Müry, Albert: Auf der Suche nach dem Paradies, in: Basler Nachrichten, 5. 3. 1975.

Nyffeler, Max: Klaus Huber: Erniedrigt – Geknechtet – Verlassen – Verachtet . . ., in: Melos, Jg. 46/1984, S. 17, und in: Dossier Klaus Huber, in: Entretemps Nr. 7, Paris 1988 (französisch).

Nyffeler, Max (Forts.): Textkomposition als Raumkomposition, Ein Interview mit Klaus Huber über Cantiones de Circulo Gyrante, in: Klaus Huber Porträt. Programmheft zur Veranstaltung der Kölner Gesellschaft für Neue Musik e.V. vom 8. und 10. 11. 1985.
Klaus Huber, in: Der Konzertführer, Orchestermusik von 1700 bis zur Gegenwart, Wunderlich/Rowohlt, Reinbek 1987.

Oehlschlägel, Reinhard: Auf Gegenwart reagierend, Eine kritische Würdigung Klaus Hubers, in: Musica, Jg. 28/1974, S. 18.
Klaus Huber – eine kritische Würdigung, Deutschlandfunk, Köln, 8. 1. 1973.
Etwas verändert in: Werkverzeichnis Klaus Huber, Verlag Schott, Mainz 1975.
Etwas gegen die Gedächtnislosigkeit tun. Zu Klaus Hubers Erniedrigt – Geknechtet – Verlassen – Verachtet..., Ein Gespräch, in: MusikTexte, Köln, 1/1983, S. 12.
... von Zeit zu Zeit... von Klaus Huber, ein aktueller Werkkommentar, Deutschlandfunk, Köln, 22. 1. 1986.

Oesch, Hans: Klaus Huber, in: SMZ Jg. 101/1961, S. 12.

Pauli, Hansjörg: Porträt Klaus Huber, Radiosendung 1962.
Über Klaus Huber, Radiosendung, Bayerischer Rundfunk München, Sept. 1962.
Klaus Huber, in: Musica, Jg. 17/1963, S. 10.

Piencikowski, Robert: Hors texte (Erinnere dich an G ...), in: Entretemps Nr. 7, Paris 1988.

Regamey, Constantin: Klaus Huber: Deux mouvements pour sept instruments de cuivre, in: Musique du vingtième siècle, Paris/Lausanne 1966, S. 213.

Reininghaus, Frieder: Erlösung durch Vernichtung, in: Frankfurter Allgemeine Zeitung, 9. 3. 1989.
Wie umgepflügter Wagner. Uraufführung von Klaus Huber in Düsseldorf, in: Basler Zeitung, 28. 2. 1989.

Röhring, Klaus: Neue Musik in der Welt des Christentums. Über Klaus Hubers Hiob 19, Kaiser, München 1975.

Sandner, Wolfgang: Was ein Komponist heute für die Gesellschaft tun kann – Vier Fragen an Klaus Huber, in: Musik und Medizin, Nr. 6/1979, S. 46.
Veränderung der Zukunft durch die Gegenwart, in: Frankfurter Allgemeine Zeitung, 8. 3. 1980.
Klänge, so schwer wie Blei. «Gesellschaftskritisches Komponieren» am Beispiel des jüngsten Werkes von Klaus Huber, in: Frankfurter Allgemeine Zeitung, 7. 8. 1981.

Schreiber, Ulrich: Spes contra spem. Die Errettung der Welt oder Tod ohne Verklärung, in: Programmheft zur Düsseldorfer Uraufführung, Stadt Bochum/ Kölner Philharmonie, Bochum, Februar 1989.

Schumacher, Gerhard: Aspekte der Choralbearbeitung in der Geschichte des Liedes «Vater unser im Himmelreich», in: Sagittarius, Jg. 4/1973, S. 111.

Schweizer, Klaus: Kunstpreis an Klaus Huber, «Es geht um ein Bekenntnis . . .», in: Basler Zeitung, 15. 11. 1978.
Geschichte, eingespannt in Gegenwart. Choräle in Partituren von Klaus Huber, in: Neue Zeitschrift für Musik, Nr. 7–8/1985, S. 32–38.
MOTETI-CANTIONES, in: Klaus Huber Porträt, Programmheft zur Veranstaltung der Kölner Gesellschaft für Neue Musik e.V. vom 8. und 10. 11. 1985.

Seidl, Matthes / Steinbeck, Hans (Hsg.): Klaus Huber, in: Schweizer Komponisten unserer Zeit, Winterthur 1983, S. 116.

Stenzl, Jürg: Klaus Huber, in: Die Musik in Geschichte und Gegenwart, Bd. 16, Kassel 1979, Sp. 748/749.

Stenzl, Jürg (Hsg.): Programmheft zur Teil-Uraufführung von ERNIEDRIGT – GEKNECHTET – VERLASSEN – VERACHTET . . ., am 11. 6. 1981 in Amsterdam, Holland-Festival 1981 (holländisch).

Texier, Marc: Une genèse improbable, in: Dossier Klaus Huber, Entretemps, Nr. 7, Paris 1988.

Weibel, Kurt: Hinfällige Paradiese, in: Radio- und TV-Zeitung, Zofingen, 1975.

Wernert, W.: MISSA BREVISSIMA, eine Messkomposition von Klaus Huber, in: Musica Sacra 95, 1975, S. 119.

Witte, Gerd: Klaus Hubers IN TE DOMINE SPERAVI für Orgel, in: Württembergische Blätter für Kirchenmusik, Nr. 1, 1977.

Wohlgemuth, Willy A. (Hsg.): Klaus Huber: Werkverzeichnis. Schweizerisches Musikarchiv, Zürich, 1980.

Ziegler, Klaus Martin: HIOB 19 von Klaus Huber, in: Neue Musik in der Kirche 1965–1983, Hofgeismar 1984, S. 76.

Zimmerlin, Alfred: Klaus Hubers musikdramatisches Werk, in: Musiktheater. Zum Schaffen von Schweizer Komponisten im 20. Jahrhundert. Schweizer Theaterjahrbuch Nr. 45/1983, Bonstetten 1983, S. 16.

Diskographie

Des Engels Anredung an die Seele
(Eric Tappy, Tenor; Ursula Burkhard, Flöte; Hans-Rudolf Stalder, Klarinette; Bernhard Léguillon, Horn; Wilhelmine Bucherer, Harfe; Ltg.: Erich Schmid)
Elite Special TLPE 6001 (vergriffen)

Zwei Sätze für sieben Blechbläser
(Umberto Induni, Henri Adelbrecht, Roger Chevallier, Bernard Léguillon, André Sivanne, F. Werhahn, Helmut Holzheu, Dirigent: Erich Schmid)
Elite Special TLPE 6001 (vergriffen)

Ein Hauch von Unzeit
für Flöte, Klarinette, Sopran, Orgel und Klavier
(Ensemble Neue Horizonte Bern; Leitung: Urs Peter Schneider)
Jecklin 544/545

In Te Domine speravi
(Heiner Kühner, Orgel)
CAM SM 94040
(Bernhard Billeter, Orgel)
PSR 41014

. . . inwendig voller Figur . . .
(Philharmonisches Orchester der Stadt Nürnberg; Chor des Bayerischen Rundfunks München; Ltg.: Josef Schmidhuber; Gesamtleitung: Hans Gierster)
WERGO 0069

Noctes intelligibilis lucis
(Heinz Holliger, Oboe; Edith Picht-Axenfeld, Cembalo)
CT-64-21
(Heinz Holliger, Oboe; Jürg Wyttenbach, Cembalo)
Phil. 6500202

Das Te Deum Laudamus Deutsch
(Renate Lehmann, Sopran; Urs Dettwyler, Tenor; Gotthelf Kurth, Bariton; Cantate Chor Basel; Leitung: Max Wehrli)
CAM SM 94040

Tempora
Konzert für Violine und Orchester
(Hansheinz Schneeberger, Violine; Kammerorchester von Nederlandse Omproep Stichting, Hilversum; Leitung: Paul Hupperts)
WER 60069
(Hansheinz Schneeberger, Violine; Stadtorchester Winterthur; Leitung: Francis Travis)
CTS 40

156

SOLILOQUIA SANCTI AURELII AUGUSTINI
Oratorium für Soli, zwei Chöre und großes Orchester
(Chor und Symphonie-Orchester des Bayerischen Rundfunks München; Chor-
einstudierung: Josef Schmidhuber; Leitung: Hans Zender; Solisten: Halina
Lukomska, Sopr., Susanne Klare, Alt, Douglas Ahlstedt, Ten., Barry McDaniel,
Barit., Hans Georg Ahrens, Baß)
GRAMMONT CTS-P 24-1, CTS-P 24-2

NUDO QUE ANSI JUNTAIS / SENFKORN / NOCTES INTELLIGIBILIS LUCIS
für 16 Solostimmen in drei Gruppen
für Oboe, Violine, Viola, Violoncello, Cembalo und Knabenstimme
für Oboe und Cembalo
FONTEC, Tokyo FONC-5077

in Vorbereitung:

CANTIONES DE CIRCULO GYRANTE
(Raummusik für 3 Gruppen und 5 Einzelspieler)
für Soli (Sopr., Alt, Bariton, Sprecher), Solo-Kontrabaß, Chor und 13 Instru-
mentalisten.
(Bach-Chor Köln, Leitung: Christian Collum; Ensemble Köln, Leitung: Robert
H. P. Platz; Solisten: Sigune von Osten, Beatrice Wüthrich-Mathez, Hanns-
Friedrich Kunz, Theophil Maier, Wolfgang Stert)
THOROPHON

TENEBRAE / ERINNERE DICH AN G. / PROTUBERANZEN
(Südwestfunk-Orchester, Baden-Baden, Leitung: Ernest Bour; Basler Orche-
stergesellschaft, Leitung: Jürg Wyttenbach; Solist [Erinnere dich . . .]: Johannes
Nied, Kontrabaß)
MUSICAPHON (Basler Komponisten)

in Planung:

MOTETI-CANTIONES / . . . VON ZEIT ZU ZEIT . . .
(Berner Streichquartett)
WERGO

SENFKORN / OHNE GRENZE UND RAND / ERINNERE DICH AN G. /
LA TERRE DES HOMMES
(Ensemble InterContemporain, Paris; Solisten. Leitung: Peter Eötvös)
EIC

ASCENSUS / ALVEARE VERNAT
(Ensemble Alternance, Paris; Solisten. Leitung: Luca Pfaff)

Die Autoren

Brian Ferneyhough: Geboren 1943 in Coventry. Studium in Birmingham bei Lennox Berkeley, in Amsterdam bei Ton de Leeuw und in Basel bei Klaus Huber. 1973–1986 Lehrtätigkeit an der Staatlichen Hochschule für Musik Freiburg. 1986–1987 am königlichen Konservatorium Den Haag, 1984–1987 Meisterklasse für Komposition an der Civica Scuola di Musica Mailand. Kompositionskurse bei den Darmstädter Ferienkursen, außerdem in Schweden und den USA. Seit 1987 in San Diego.

Thomas Meyer: Geboren 1955. Journalist und Musikwissenschaftler. Ständiger Mitarbeiter beim «Tages-Anzeiger» Zürich und bei Radio DRS. Lebt mit seiner Familie bei Zürich.

Roland Moser: Geboren 1943. Studium am Konservatorium Bern bei Klaus Wolters (Klavier) und Sándor Veress (Komposition), an der Staatlichen Hochschule für Musik in Freiburg/Br. (Wolfgang Fortner, Edith Picht-Axenfeld, Francis Travis) sowie am Studio für elektronische Musik der Kölner Musikhochschule (Herbert Eimert). Seit 1969 Mitglied des «Ensemble Neue Horizonte Bern». Als Komponist, Interpret und Jury-Mitglied bei den Internationalen Komponisten-Seminarien in Boswil. 1969–1985 Lehrer für Theorie und Neue Musik am Konservatorium Winterthur, seit 1985 an der Musikakademie Basel. Lebt in der Nähe von Basel.

Max Nyffeler: Geboren 1941. 1967/68 Kompositionsunterricht bei Klaus Huber. Konzertdiplom für Klavier. Freiberuflicher Journalist in Köln. 1980 Musikredakteur beim Bayerischen Rundfunk München. 1984 Leiter des Ausland-Informationsprogramms bei der Stiftung Pro Helvetia. 1987 Gründung des Verlags am Abgrund, Zürich. 1989 Musikredaktor bei Radio DRS in Zürich.

Reinhard Oehlschlägel: Geboren 1936 in Bautzen. Studium der Schulmusik, Musikwissenschaft und Soziologie in Hannover, Frankfurt und Göttingen. Journalistische Mitarbeit bei Tageszeitungen und Rundfunkanstalten. Seit 1972 Redakteur für Neue Musik am Deutschlandfunk, Köln. Mitherausgeber der MusikTexte.

Hansjörg Pauli: Geboren 1931 in Winterthur. 1960–1965 Mitarbeiter bei Radio Zürich. 1965–1968 Leiter der Musikabteilung im NDR Fernsehen. Seit 1968 freier Publizist. Ständiger Gastdozent an der Hochschule für Fernsehen und Film in München. Lebt in Orselina (Tessin). Wichtige Arbeiten über Filmmusik, Hermann Scherchen.

André Richard: Geboren 1944 in Bern. 1968–1972 Studium in Musiktheorie, Gesang und Komposition am Konservatorium Genf, danach bei Klaus Huber in Freiburg. Dort seit 1978 Lehrbeauftragter für Musiktheorie und Gehörbildung. Seit 1980 Geschäftsführer am «Institut für Neue Musik Freiburg». 1983 gemeinsam mit dem Dirigenten Arturo Tamayo Gründung eines Solistenchors und seit 1984 dessen künstlerischer Leiter. 1985 Stipendiat der Heinrich-Strobel-Stiftung des SWF.

Willy Hans Rösch: Geboren 1924 in Baden, Beleuchtungsfachmann und Designer. 1953 Mitbegründer und 1. Präsident der Stiftung Alte Kirche (heute: Künstlerhaus) Boswil. Seit 1962 eigenes Büro; über 400 Beleuchtungsprojekte vor allem in historischen Bauten (Kirchen, Schlösser) im In- und Ausland. 1989 Arbeit an einer neuen Innenbeleuchtung der Kirche Notre Dame in Paris.

Klaus Schweizer: Geboren 1939. Studium der Schulmusik, Komposition und Musikwissenschaft. Lebt bei Basel, unterrichtet an der Staatlichen Hochschule für Musik in Karlsruhe.

Hans Wüthrich: Geboren 1937 in Aeschi bei Bern. Musikstudium am Konservatorium Bern bei Sava Savoff (Klavier) und Sándor Veress (Theorie und Komposition). 1968–1972 Unterricht bei Klaus Huber. 1973 Promotion an der Universität Zürich (Deutsche Sprach- und Literaturwissenschaft, Philosophie, Musikwissenschaft). 1971–1985 Lehrbeauftragter für Phonetik und Phonemik an den Universitäten von Zürich und Basel. Seit 1985 Lehrer für Theorie und Neue Musik am Konservatorium Winterthur. Lebt in Rünenberg.

Bildnachweise